당신은
설명서도
읽지 않고

인생을
살고 있다

commonD

자본주의 게임의 법칙

commonD(꼬몽디) 지음

당신은
설명서도
읽지 않고

인생을
살고 있다

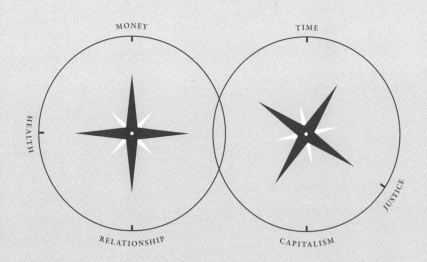

page2

3장 새로운 눈으로 미래를 내다보자

4장 투자의 원칙을 바로 세우자

"형, 그러다 망하면 어떡해요?"

예전에 아는 동생이랑 술을 마시다
이것저것 조언을 해준 적이 있었어.
인간적으로 정말 괜찮은 친구였지만,
사회적으론 지극히 평범했고,
항상 비슷한 고민을 하고 있었지.

불확실한 미래에 대한 불안,
부조리한 사회에 대한 원망,
그럼에도 원하는 걸 얻고 싶은 갈망 등.

나는 동생이 잘되기를 바라는 마음에
동생이 일하는 필드에서 어떤 식으로 사업을 하면 좋을지,
그리고 어떤 아이템이 좋을지에 대해 얘기를 해줬어.

근데 내 이야기가 끝나고 그 친구가 한 말이
내 정신을 번쩍 들게 한 거야.

"형, 근데 그러다 망하면 어떡해요?"

그때 깨달은 거지.
아, 난 유치원생을 잡고 철학을 논하고 있었구나.
이 친구한테 필요한 건, 사업 아이템 따위가 아니었는데.
나는 그저 내 지식을 자랑하고 싶은 마음에,
상대방에게 진정으로 뭐가 필요한지 따위는
생각도 안 하고 있었던 거지.

동생에게 진정으로 필요했던 건
돈 버는 방법이나 사업하는 방법 같은 게 아니었어.
어린아이가 도덕책을 먼저 배우듯이
본인이 왜 돈을 벌어야 하는지,
왜 사람들이 망할 리스크를 짊어지면서
위험한 사업에 뛰어드는지에 대해 얘기를 해줘야 했던 거야.

1부

세상을 살아가는 오른쪽 날개,

자본주의

1

✦

세상을 보는 눈을 바꿔보자

미로 속에서 헤매는
친구들에게

나는 남들보다 운이 좋은 사람인가?

종종 그런 생각을 한 적이 있지.

난 나이에 비해 과분한 것들을 많이 얻기도 했고,

단순히 물질적인 것을 떠나서

진정으로 나 자신에 대해 만족하는 삶을 살고 있어.

경제적 자유, 개인의 행복,

흔들리지 않는 자존감, 화목한 가정…….

살면서 정말 얻기 힘들지만, 막상 또 얻고 나면 별것 아닌 것들.

그런데 막상 뒤를 돌아보면

여기까지의 삶이 그렇게 순탄치만은 않았더라고.

지나고 나니 별것 아닌 것처럼 보이지만

떨어지는 자존감에 몸부림도 쳐봤고

죽을 만큼 힘든 고통의 순간도 많았고

함정에 빠질 만한 길도 얼마든지 있었지.

삶은 커다란 미로 같아서

분명 어릴 땐 옳은 길이라 확신했는데

막상 지나와 보니 막다른 길이라 막혀 있는 경우도 많았어.

그렇게 엉뚱한 길로도 가보고, 다시 되돌아도 가보고,

돌고 돌아 지금의 자리까지 오고 나서 뒤를 돌아보니

내가 지나온 길이 그래도 남들보다는 꽤 빠른 길이었단 말이지.

그래서 곰곰이 이유를 생각해 봤더니

내가 특별히 잘나거나 똑똑해서 그런 게 아니고

부모님께 물려받은 지혜와 삶의 가치관들이

선택의 순간에서 내 인생의 길잡이를 해줬다는 걸

나이를 먹고 나서, 이제야 알게 된 거야.

내 머릿속 생각이 나를 옳은 길로 이끌고

날 돈으로부터 해방시켜 줬고,

내 머릿속 가치관이 나를 거짓 행복이 아닌

진짜 행복한 삶으로 인도해 준 거지.

지나고 보니 내가 겪은 행운과 불행도 그저 나의 선택이었고,

돈과 행복으로 가는 길은 처음부터 머릿속에 들어 있었던 거야.

근데 그런 내 눈앞에서 길을 잃고 헤매는

한 마리 어린 양을 보고 있자니

그 친구의 모습에서 어린 시절의 내 모습이 겹쳐 보인 거지.

불합리한 세상에 대한 분노,

부족한 자존감을 지키기 위해 머릿속에 가득 차 있는 방어기제들,

그리고 한 치 앞도 보이지 않는 깜깜한 미래를 향해

한 발자국 뗄 용기는 없지만,

그럼에도 어떻게든 어제보다 더 나아지려고

아등바등하던 모습들, 뭐, 그런 것들 말이야.

그때의 나에게 필요한 말들은 뭐였을까?

곰곰이 생각해 보니 사람은

각자 처한 상황과 생각, 가치관, 경험이 모두 다르기 때문에

좋은 통찰과 조언을 마주치고도 그냥 길바닥에 버리기도 하고

아니면 아예 다른 뜻으로 해석하기도 하잖아.

따라서 누군가에게 올바른 조언을 하기 위해서는

내가 아닌 상대방의 입장에서 생각해야 해.

그리고 이 길을 가야 하는 이유와

성취를 이뤘을 때의 내 생각과 가치관들을 온전히 전달해야만

상대가 어느 정도 비슷한 길을 따라올 수 있을 것 같더라고.

상대에게 전달되어야 할 건

단순히 돈을 벌거나 행복을 얻는 방법이 아니라

그 과정까지 이끌어준 나의 가치관과 생각이 자라난 뿌리들,

태풍이 시작되는 나비의 첫 날갯짓,

너를 잘못된 길로 이끈 어린 시절 아주 작은 생각의 씨앗,

미래의 불행을 만들어낸

과거의 잘못된 선택에 대한 이야기일 거야.

그래서 그때의 동생,

즉 어린 시절의 미로를 헤매던 나에게 해주고 싶은 말들이

이제야 어느 정도 정리가 된 거지.

우리가 살아가는 이 세상은

얼핏 보면 한없이 불합리한 것처럼 보여도

룰을 알고 판을 들여다보면

갈 수 있는 길이 생각보다 많이 보이거든.

그럼 우리는 두 가지 중 하나만 고르면 되는 거야.

분노한 채로 하늘에 돌을 던지면서 주저앉을지,

아니면 게임의 법칙을 배우고

본인을 위해 이 불합리한 게임을 끝까지 즐길지.

예전에 부루마불 게임 많이 했잖아.

인생도 비슷해.

처음엔 공평했지만 하다 보면 한 놈이 모든 땅을 다 틀어쥐지.

너한테는 타이페이, 홍콩밖에 없는데
상대는 서울, 뉴욕, 베를린 가지고
우주선 타고 무인도 가서 놀고 있는 거야.
그 상황에서는 뭘 해도 지뢰밭밖엔 없어서
판을 뒤엎고 다 치워버리고 싶은 마음이 생기기 마련이지만,
인생은 한 번뿐이라 리셋이 안된단 말이지.
불공평하고 화가 나도 계속 게임을 해야 돼.

원래 서울에 태어나기도 하고
평양에 태어나기도 하는 게 인생 아니겠니.
그러니까 자꾸 마음속에서 속삭이는
악마들 말을 들을 필요는 없지.
그냥 설명서나 열심히 읽고,
다음 주사위를 어떻게 던질지나 같이 연구해 보자.

우리는 두 가지 중
하나만 고르면
되는 거야.

분노한 채로
하늘에 돌을 던지면서
주저앉을지,

아니면
게임의 법칙을 배우고
본인을 위해
이 불합리한 게임을
끝까지 즐길지.

왜 똑같은 정보를 듣고도
누구는 성공하고 누구는 실패할까

인생의 성공을 이룰 수 있는 지식이 있다고 생각해 봐.

어떤 두 사람에게 같은 정보를 전달해줬을 때

누군가는 목표를 이루고 누군가는 이루지 못하지.

그 차이는 어디서 오는 걸까?

바로 '정보를 받아들이는 나'라는 객체에 있어.

우리에게 오는 정보는

똑같은 사람, 똑같은 책을 통해 전달되더라도

지극히 주관적인 방법으로 가공되어 흡수되잖아.

분명 같은 말을 들었는데

한 사람은 거기서 인생을 바꿀 깨달음을 얻어가고,

누군가는 그걸 잘못 해석하기도 하고,

쓰레기통에 버리기도 하는 거지.

똑같은 시기에 좋은 주식을 사고도

누군가는 그걸로 경제적 자유를 이루는 반면,

누군가는 홀랑 까먹고 마는 것처럼 말이야.

그리고 주변에 이렇게 말하면서 돌아다니겠지.

야, 주식은 패가망신의 지름길이야. 하지 마, 하지 마.

따라서 성공하고 싶은 사람,

돈을 벌고 싶은 사람,

행복해지고 싶은 사람에게 가장 먼저 필요한 건

성공하는 방법이나 돈을 버는 방법, 행복해지는 방법이 아니야.

현대 사회는 디지털 시대고

돈을 벌고 행복을 일구는 지식들은

온라인 공간 도처에 널려 있기 때문에,

사실 그저 주워오기만 하면 되거든.

그러니까 우리에게 필요한 건 정보를 얻는 게 아니고,

나를 바꾸는 일이야.

정보를 온전히 받아들일 수 있는 올바른 가치관을 세우고,

널려 있는 지식들 중에서 진짜를 가려내는 능력을 기르고,

그리고 움직이지 않는 엉덩이를

움직이게 할 자극을 찾아 헤매는 거야.

즉 지식보다는 사물을 보는 관점, 지혜와 통찰이 필요한 거지.

하지만 안타깝게도 사람들은
본인의 생각과 가치관을 바꾸기보다는
이미 만들던 건물 위에
그저 벽돌 하나를 얹는 걸 더 좋아하기 때문에
똑같은 정보를 접하고도 잘못된 길로 가게 되는 경우가 많아.
처음부터 주춧돌을 잘못 놓아서 결국 무너질 집을 지으면,
언젠간 무너질 일만 남은 거잖아?
그럼 무너지는 거지, 뭐.

사람들은 자기 인생의 운 없음과 사회의 부조리를 탓하지만
가만히 살펴보면
'어? 저거 저렇게 하면 나중에 큰일 나는데?
나중에 배우자한테 뒤통수 맞을 것 같은데?
사업체 망할 텐데?
자식이 올바로 자라지 못할 텐데?'
싶은 사람들 투성이란 말이지.

따라서 뭔가 인생이 안 풀리고, 이 길이 아니다 싶을 땐
네가 지나온 생각의 언저리에서만 답을 찾지 말고
미로의 좀 더 먼 곳, 심층적인 곳,
네가 절대 아니라고 생각했던 가치들, 가치관들, 행동들부터
하나둘씩 거슬러 올라가다 보면 답을 찾을 수 있을 거야.

너의 성공, 실패, 행운, 불행, 행복, 슬픔이
모두 너의 탓은 아니겠지만
어차피 한낱 개인이 할 수 있는 건
세상에서 적응하고 살아남는 방법을 연구하는 것뿐이야.

따라서 네가 현재 만족할만한 성과가 없거나
불행한 결혼생활을 한다거나 하는 일들은
결국엔 네가 살면서 했던 총체적 선택의 결괏값이므로
겸허히 결과를 수용하고, 해결책을 찾는 데 집중할 필요가 있어.

해결책을 찾을 때는 기본적으로 머리는 말랑말랑하게 해야 해.
이것도 내 생각이랑 다르고, 저것도 내 생각이랑 다르고,
이건 옳고 저건 그르고……
이런 것부터 좀 깨끗하게 지우고,
너의 상식과 가치관이 너를 잘못된 길로 이끌었으므로
제일 먼저 해야 할 일은
너의 상식과 가치관을 부수는 일이 될 거야.

그럼 지금부터 아무것도 없는 빈터에다
하나씩, 하나씩 새로운 생각을 채워보도록 하자.

사람은
달릴 때 행복하다

너는 잘하는 건 없는데,
그래도 매일매일 조금씩 나아지는 게 장점이야.

어렸을 때, 어머니가 나한테 이런 말을 해주신 적이 있어.
욕이야 칭찬이야, 뭔가 아리까리하긴 했는데
이상하게 이 말이 내 머릿속에
찰싹 달라붙어서 떨어지지 않더라고.
그래서 내가 뭔가 나태해지고, 본능에 굴하려 할 때마다
그 말이 머릿속에서 불쑥 튀어나와서
내 엉덩이를 뻥 차주곤 했지.
어머니는 내게 장난감도 잘 안 사주시고,
칭찬도 거의 안 해주시고, 늘 혼내시기만 했지만,
내가 힘들어서 좌절할 것 같으면 항상 뒤에 서 계시곤 했어.
나이를 먹은 지금 생각해 보니
나는 어머니께 노력하는 즐거움과
진정으로 행복해지는 방법을 배웠다는 걸 알게 됐지.

행복해지는 방법이 뭐냐고?

뇌에서 일어나는 호르몬의 작동 원리를 이해하면

답을 알 수 있어.

우리 몸은 호르몬의 지배를 받고 있기 때문에

아무리 의지력이 강해도

호르몬을 극복하는 건 쉬운 일이 아니야.

대부분은 호르몬과의 싸움에서

항상 얻어터지고 패배하기 일쑤지.

백 번 싸우면 한두 번 정도 이기려나?

따라서 현명한 사람은 호르몬과 싸워 이길 생각을 하기보다는

호르몬의 작동 원리를 이해하고,

그걸 긍정적인 방향으로 적용하는 사람이야.

우리 몸에서 행복을 관장하는 호르몬은

주로 도파민이 담당하는데

보통 계획을 세울 때랑 달성할 때 분비되곤 해.

따라서 우리가 막상 뭔가를 계획을 세우고 달성하고 나면

당장은 도파민이 분비되어 행복감이 차오르는 것 같다가도,

어라? 어느 순간 다시 평상시의 상태로 돌아가게 되는 거야.

마치 사막에서 신기루를 향해 가는 것처럼,

도착하고 나면 아무것도 아닌 게 되는 거지.

왜 연예인과 부유한 집 자제들 중에
쾌락을 탐닉하는 사람들이 많을까?
도파민이 더 이상 안 나와서 그래.
100억 원짜리 집을 갖고도
네가 회사에서 보너스 100만 원 받았을 때보다도
도파민이 안 나오니까 그러는 거야.
올라갈 곳 없는 인생만큼 불행한 것도 없는 거거든.

이런 도파민의 특성은 우리 삶의 여러 곳에서 관찰돼.
예를 들어 이상형이라고 생각하는 이성을 처음 만났을 때
너는 단지 상대의 얼굴과 목소리만 알 뿐이니까
나머지 빈칸을 상상으로 채우면서 기대를 하면
도파민이 분비되지.
막상 교제가 성사되고, 상대를 만나고,
사이가 깊어지면 깊어질수록
네가 상상하던 빈칸은 현실로 채워지고,
어느새 도파민은 점점 줄어들게 되는 거야.
왜 남편이 점점 못나 보이는지 알겠지?

사람들이 도박에 쉽게 빠지는 이유도 마찬가지야.
도박으로 돈을 벌 수도 있고, 잃을 수도 있지만,
큰돈을 벌 수 있다는 희망만으로 너에게 큰 행복감을 주니까.

막상 운 좋게 돈을 따고 나면 오히려 도파민이 감소하기 때문에

다시 도파민을 얻기 위해 또 도박에 손을 대게 되는 거고.

결국 도파민 보상 회로의 메커니즘을 생각해 보면,

도박으로 돈을 벌고 손을 씻는다는 건

거의 불가능하다고 할 수 있지.

주식도 마찬가지의 원리인데,

보유한 주식이 한창 오르고 있을 때는 도파민이 많이 나오지만

막상 이걸 팔려고 하면, 더 오를 수 있다는 가능성이

너의 뇌를 불행하게 만들어 버리거든.

따라서 한창 오를 때는 행복했지만

막상 팔아서 수익 실현을 하려니

오히려 불행한 마음이 드는 거지.

요새 핸드폰으로 많이 하는 확률형 게임도 비슷해.

단지 전자 데이터 쪼가리에 사람들이 수십만 원을 쓰는 이유는

이러한 도파민 분비의 근본적인 부분을 건드리기 때문이야.

분명 데이터 쪼가리가 무가치한 걸 이성적으로는 알지만

거기에 게임 회사에서 공급을 조절하여 가짜 가치를 부여하고

그게 아주 작은 확률과 결합되는 순간

분비되는 도파민 때문에

데이터 쓰레기 더미 속을 파헤치게 되는 거지.

도파민 분비, 즉 다시 말해 행복의 가장 큰 요소는
잘될 거라는 불확실한 희망,
그리고 그 희망을 향해 나아가는 과정 자체라고 할 수 있어.
더 나아질 거라는 희망이 없다면, 행복도 없는 거지.

따라서 우리의 뇌는 처음의 기대감과는 다르게
막상 돈을 벌고, 멋진 이성을 만나고,
꿈에 그리던 은퇴를 하고, 원하던 바를 이루고 나면
오히려 달성하기 전보다 더 불행한 상태로 리셋되기 때문에
우리가 행복한 상태를 유지하기 위해서는
안타깝게도 평생 동안 달릴 수밖에 없는 거야.

그래서 현대인의 삶은 불과 100년 전의 인간이 보기엔
말도 안 되는 꿈같은 요소로 가득 차 있지만,
막상 사람들은 먹고사느라 쓸데없는 생각을 할 여유가 없던
그때보다 오히려 더 불행한 삶을 살고 있어.

도파민의 원리를 생각해 보면,
우리가 행복해지는 방법은 생각보다 단순하고 간단해.
제일 먼저 해야 할 일은 뭐든지 간에 너의 힘으로
실현 가능한 곳에 있는 것부터 하나씩 성취해 나가서,
너의 뇌를 성공의 도파민 중독에 빠뜨리는 거야.

돈을 번 사람보다 돈을 벌고 있는 사람이 더 행복한 법이고

날 때부터 다 가진 자들은

절대 네가 느끼는 빵 한 조각의 행복감을 얻을 수 없지.

방 청소도 좋고, 살을 빼는 것도 좋고,

부모님을 웃게 하는 것도 좋아.

사람은 환경의 지배를 받기 때문에

너를 우울하고 비관적으로 만드는 것부터

제거하는 게 제일 좋겠지.

먼저 더러운 방을 깨끗이 치우고,

네 몸을 항상 피곤하게 하는 지방 덩어리를 태우고,

그냥 밖에 나가서 무작정 달리다 보면,

그런 마음을 먹은 날이 바로 네 인생이 바뀌는

변곡점이 될 수도 있을 거야.

지금이 불행하다면, 앞으론 행복할 일만 남은 거지.

도파민 분비, 즉
다시 말해 행복의
가장 큰 요소는
잘될 거라는
불확실한 희망,
그리고 그 희망을
향해 나아가는
과정 자체야.

더 나아질 거라는
희망이 없다면,
행복도 없는 거지.

환경은
의지보다 강력하다

그런데 이렇게 쉽고 간단한 방법을
우리는 왜 항상 번번이 실패하는 걸까?
의지력이 부족해서?
응, 그것도 맞지.

그런데 의지력이란 건 너의 게으른 호르몬에 맞서는 힘이고,
그건 하루 이틀 연습해서 만들어질 수 있는 게 아니야.
의지력이 충만한 사람이었다면
애초에 방 안에서 꿍꿍댈 시간에 문 밖으로 뛰쳐나갔겠지.

사실 의지력보다 중요한 건 너를 지배하는 환경이야.
그리고 환경이란 건 단순히
네 눈에 보이는 물질적인 게 다가 아니야.
더 중요한 건 네 머릿속에 겹겹이 깔려 있는 가치관들,
네가 어렸을 때부터
부모로부터, 옆집 아이로부터, TV로부터, 선생님으로부터

한 마디, 두 마디 들을 때마다 퇴적물처럼 하나씩 쌓이던
너의 상식과 가치관, 선악의 개념들, 도덕 관념들이야.
그게 바로 너의 의지력을 쭉쭉 깎아 먹고
너를 분노하게 하고
너를 방안에 처박아 놓는 환경이란 놈이지.

애초에 삶은 문제를 하나씩 만나서 해결해 가는 과정이고,
인간은 그 과정 속에서 행복을 느끼게 설계되어 있어.
아무것도 안 하고 방에만 박혀 있다면
영원히 행복해질 수 없는 거고,
살면서 너에게 문제와 고난이 없다면
너는 조용히 퇴보하고 있는 거야.
그리고 나름대로 문제를 해결해도 삶이 계속 버거워진다면,
네가 잘못된 길을 고르고 있는 거겠지.

따라서 우리가 어떤 인생의 문제를 해결하기 위해
첫 번째로 필요한 건
방을 정리하듯이, 네 머릿속을 정리하는 거야.
우리 삶에서 문제 해결 방법은 딱 두 가지로 나눌 수 있어.

1. 외부에서 해결책을 찾는다.
2. 내부에서 해결책을 찾는다.

이게 다야.

단순하지?

문제는 세상과 나 사이의 관계이므로

외부환경이 바뀌어주거나,

네가 바뀐 외부환경에 적응하거나 둘 중 하나겠지.

어떤 게 더 쉬울 것 같아?

커다란 강의 물줄기를 바꾸는 게 쉽겠니,

강줄기에 몸을 맡기고 흐름을 타는 게 쉽겠니.

기본적으로 모든 문제는 본인 내부에서 찾고

세상에 맞게 자신을 바꾸는 게 더 쉽고 빠른 길이지만,

문제를 해결하려면 나를 바꿔야 하고

나를 바꾼다는 건 몹시 귀찮고 힘든 일이지.

여기서 너의 생각과 행동을 가로막는 선악의 개념인

'누가 잘했나, 잘못했나'는

문제 해결 과정에서 오히려 네 생각을 가둬두는

보이지 않는 족쇄로 작용하는 경우가 많아.

우리는 문제 해결에 집중해야 하는데

너에게 아무 도움 되지 않는 억울함과 분노 때문에

귀한 시간을 허공에다 몽둥이 휘두르는 데 허비하기 십상이지.

뒤에선 네 집이 활활 타고 있는데 말이야.

그리고 너를 둘러싼 세상은
네가 앞서 나가는 걸 별로 원하지 않기 때문에
네 귀에 달콤한 말만 이것저것 던져주곤 해.

너의 불행은 사회의 부조리 때문이야.
세상은 부도덕하고 잘못되었어.
돈은 중요한 게 아니야.
너는 있는 그 자체로 아름다운 사람이야.

온갖 달콤하고, 좋아 보이는 말을 해주지만,
결국 결론은 네 자리에서 튀어오르지 말고
가만히 있으라는 얘기잖아?
네가 잘못된 게 없다면, 바뀔 것도 전혀 없는 거니까.
그리고 네 머릿속의 방어기제는
네가 오늘 하루를 통째로 쓰레기통에 버리고,
잡을 수 있는 기회를 버리고,
개선할 수 있는 것들을 개선하지 않는 데
그럴듯한 이유를 만들어주는 거야.

우리는 살면서 하루에도 수천 번의 결정을 내리기 때문에
네가 도달한 곳은 사실 사회가 등 떠밀어 도착한 곳이 아니라
네가 두 발로 스스로 걸어들어온 곳일 뿐이지.

너의 현재의 불행은

네가 어렸을 때 딱 한 번 저질렀던 사소한 거짓말이나

한 번의 나태함, 한 번의 분노가

눈덩이처럼 커져서 굴러온 경우가 대부분이야.

따라서 인생이란 매 순간 갈림길 위에 서 있는 거고

20대, 30대, 40대, 50대, 60대, 70대, 살다가 눈감는 순간까지

어느 길로 갈지를 너 스스로 선택할 수 있는 거지.

이 친구를 만날지 말지

오늘 밤 야식을 먹을지 말지

피곤함을 털어내고 운동을 할지 말지

이 책을 읽을지 말지

저 자리에 가게를 차릴지 말지

저 사람과 결혼을 할지 말지

다 본인 머릿속에서 결정하고 스스로 가는 길이니

대체 누구 탓을 하겠어.

누가 널 평생 상자 속에 가둬둔 것도 아닌데 말이야.

따라서 우리가 뭔가를 하려고 할 때

제일 먼저 바꿔야 할 게 있다면,

부디 세상에 대한 원망과 분노를 꺼뜨리고,

세상의 형태에 나를 맞출 준비를 하는 일일 거야.

우리는 태어난 순간부터
의무를 지니고 있다

한국에 태어난 대부분의 아이들은

그렇게 크게 다르지 않은 학창 시절을 보내게 되어 있어.

대부분은 학교에 다니고, 학원에 다니고,

컴퓨터 게임도 좀 하고, 수능을 보고, 대학에 가지.

부유한 집이든, 가난한 집이든

이 굴레에서 크게 벗어나지 않는 삶을 살았을 거야.

왜 부모님들은 하나같이 아이들 공부를 못 시켜서 안달이었을까?

그게 부모 입장에서, 즉 40~50대의 삶에서

가장 필요하다고 생각하는 가치였기 때문일 거야.

인간은 항상 본인에게 당장 필요한 걸 욕망하기 때문에

어릴 때는 사랑과 우정을 욕망하다가

어른이 되고 부모가 되면 돈과 성공을 바라보고

나이 들어서는 건강과 사람들의 관심을 바라며

돈과 물질의 무의미함을 얘기하는 거지.

그저 자기 나이대에서 필요한 걸 말하는 것뿐이야.

인간의 불행의 시작은, 젊음이라는 축복이
너무 이른 시기에 왔다 간다는 점에서 시작되지.
우리는 건강한 몸, 젊고 아름다운 육체, 지치지 않는 정신을
먼저 경험하기 때문에,
수십 년 뒤에 우리에게 예정되어 있는
무거운 육체와 정신, 고통과 불행을
준비하지 못하는 경우가 너무 많아.

아직 진짜 고통을 경험하지 못한 유년기는
앞으로 전쟁터 같은 세상을 살아나갈 방법을 배우는
굉장히 중요한 시기라고 할 수 있어.
만약 저기 소말리아에서 태어나
어릴 때부터 총을 들고 살아간 아이들이라면
세상이 원래 무도회장처럼 꾸며진 전쟁터라는 걸
일찍 알 수 있었을 텐데,
선진국에서 태어난 아이들일수록
이런 세상의 냉정함에 대해서 간과하고 살기가 쉬워.
세상은 아름답고, 아이들은 사랑받아야 하고,
공부보단 뛰어놀아야 한다.
이렇게 귀에 달콤한 슬로건들이 넘쳐나지만,

왜 지구 반대편에 사는 아이들은
그런 권리를 누릴 수 없는지에 대해서는
아무도 설명할 수 없잖아.

인간은 평등하다 배웠는데, 사실은 평등하지 않았고
돈은 중요한 게 아니라 배웠는데, 너무나 중요했고
너는 존재만으로 소중하다 배웠는데,
필요하지 않은 인간에게 세상이 얼마나 잔혹하게 구는지를
나이를 먹고서야 느끼게 되는 거지.
따라서 이런 척박한 세상을 살아가기 위해,
부모와 자식은 서로에게 의무를 갖게 되는 거야.

부모의 의무는 아이들에게 따뜻한 온실만을 제공해서는 안 되고,
전쟁터 속에서 살아남을 수 있는 방법을 알려주는 거야.
앞서 말했듯 인간의 도파민 보상회로는
성취에 대해 보상을 주는 방향으로 작동하는데,
이것도 해주고, 저것도 해주고,
울면 들어주고, 떼쓰면 받아주고,
아무런 시련 없이 주어지는
부모의 무조건적인 사랑이란 보상에 길들여진 아이들은
나이가 들며 느끼는 세상의 불합리와 차가움에
오히려 커다란 좌절감을 느끼고 실패하게 되는 경우가 많아.

우리는 우리 손에 매를 들지 않고도 사랑이라는 이름으로
얼마든지 아이들을 학대하고 방임할 수 있지.
훈육하기 마음 아프다는 이유만으로
좌절에 대해 배워야 할 아이들의 면역력을 뺏어버리고
마치 백신을 안 맞히는 부모처럼
아이를 맨몸으로 세상에 던져버리는 거야.
그걸 사랑이라고 할 수 있을까?

반대로 아이의 의무는 세상에 던져지기 전까지
자신이 사랑받을 가치가 있다는 걸 증명해 내는 거야.
공부라는 걸 굉장히 좁은 의미로만 해석하는 사람도 있는데,
네가 세상에서 너의 가치를 입증해낼 수 있는
모든 가치들을 얻는 게 공부야.
펜을 들든, 춤을 추든, 노래를 하든,
그게 세상에서 가치로 인정받고 받아들여진다면
너는 어린 시절 너의 과업을 달성한 것일 테고
만약 사회에서 가치로 인정받지 못한다면
그건 너의 잘못이 될 거야.
네가 귀에 듣기 싫은 음악과 입에 안 맞는 음식을 거부하듯이
세상도 가치가 없는 너를 거부할 권리가 있으니까 말이지.
그게 공평하잖아?

우리나라에 비대칭적인 학벌주의가 만연했던 이유는,
학벌이 옛 시절을 살아가는 데 큰 도움이 되었던
부모들의 경험에 기반하기 때문이야.
수십 년을 먼저 살아온 지금의 부모들이 생각하는
가장 확실한 생존 수단이 바로 공부이기에,
사랑하는 자녀에게 공부를 시킬 수밖에 없었던 거지.

현대 사회에 들어 학벌의 가치가 비록 낮아지더라도,
단순히 학벌을 따기 위한 공부의 가치가 낮아졌을 뿐이지,
세상을 공부하고 사회에 필요한 사람이 되어야 한다는
아이들의 의무는 달라진 게 없어.
여전히 세상에서 자신의 가치를 입증하지 못하면
뒤에 남겨진다는 진리는 변하지 않았잖아.

따라서 아이들은 사랑을 받으면서도,
사랑받기 위해 노력하는 법을 배워야 해.
어린아이들은 치과의사보단
사탕을 주는 사람을 더 좋아하겠지만,
아이가 싫어해도 옳은 길로 이끌어주는 게
어른의 의무 아니겠니.

당신은 사랑받기 위해 태어난 사람?
사랑받으려면 노력이 필요하다

어느새 우리 삶에, 미디어를 통해 은근슬쩍 끼어든
이상한 슬로건이 하나 있지.

나는 있는 그대로 아름다운 존재야.

진짜 그런가?
우리는 아무것도 안 하고, 그냥 그 자리에 있는 것만으로
사랑받아야 하는 존재일까?

보통 한 나라에서 유행하는 문화는
그 나라 사람들의 보편적 가치관과 인식을 반영해.
굳이 복잡한 통계나 여론조사 없이도 TV 틀고 유튜브 보면
'아, 이 나라 사람들은 온통 여기에 관심이 쏠려 있구나'
를 바로 알 수 있지.

산업화 초기에는 단순한 권선징악 스토리와
예쁘고 잘생긴 남녀 주인공,

부와 권력의 전형적인 클리셰가 유행하다가

어느 정도 선진국의 문턱에 들어선 나라에선

조금 더 나아가 인간의 양면성과 철학적 주제를 담으려 하지.

그러다가 그게 정도를 넘어서다 보면,

어느새 철학적 주제가 아닌

온갖 위선과 가짜 메시지들이 음악과 영상을 점령하게 돼.

이건 미디어의 문제가 아닌 국민 전체의 문제지.

미디어 자본은 단지 고객들이 원하는 걸 만들어줄 뿐이잖아.

최근 미국과 유럽, 그리고 우리나라에서도

유행하는 따뜻한 슬로건들은 결국 이거야.

내가 누구고 어떤 위치에 있든 나를 있는 그대로 사랑해 달라.

나의 피부색도, 예쁘지 않은 얼굴도, 뚱뚱한 몸도

있는 그대로 사랑해 달라.

공감이 가니?

안 가? 다행이야.

나는 우리나라가 그 정도까지 타락하진 않았다는 것에

그래도 큰 안도감이 드네.

'사람은 항상 사랑받아야 하는 존재다?'

세상에 그런 게 어딨어?

남의 사랑은 노력해서 얻어내는 거지,

거저 얻을 수 있는 게 아니야.

심지어 부모의 사랑마저도

자식의 노력에 따라 크기가 달라지지.

우리가 아무것도 안 하고 사랑받을 수 있는 시간은

열 살 이전에 다 끝나버렸어.

아이들이야 말을 못 해도, 칭얼거려도,

아무것도 안 하고 먹고 자고 똥만 싸도

그저 귀엽다는 이유로 사랑받을 수 있지만

유년기가 끝나고 나이를 먹을수록

우리는 사랑받기 위해서 나이에 맞는 책무를 다해야 하지.

(물론 예쁘고 잘생긴 친구들은 뭘 안 해도 여전히 사랑받지만 말이야)

본디 동물은 나이를 먹고 무리에서 역할을 못 하게 되면

도태되게 마련이지만,

인간은 동물과 달리 무리에서 살아남는 방법을 발견해 냈어.

바로 지식과 지혜, 자산을 소유함으로써

사회 내에서 본인의 유용함을 증명해 낸 거지.

따라서 남의 사랑을 받기 위한 인간의 노력은

문명 사회를 이룩하는 근간과도 같은 거야.

예를 들어 네가 한국에서 태어난 이상

남에게 사랑받기 위해 보편적으로 해야 하는 것들이 있어.

어릴 때는 공부를 해야 하고

청년이 되어서는 돈을 벌어야 하고

결혼을 하고서는 자손을 낳아야 하며

나이가 들어서는 자손에게 나눠줄

자산이나 지혜를 갖고 있어야 하지.

너의 선택이 아니라고?

만약 네가 빈곤한 나라에 태어났다면

유년기부터 노년기까지 너의 모든 과업은

먹고사는 걸 걱정하는 게 전부였을 거야.

그게 더 낫니?

본디 인간의 삶이란 게

있던 것들을 깎고 부수면서 만들어진

온갖 물질 위에 이뤄져 있건만,

요새 미디어를 보면 수많은 사람의 피땀으로 만들어진

영상 기술들과 첨단 기기들을 통해

고작 다듬지 않은 나를 있는 그대로 사랑해달라는,

공허한 가짜 메시지를 송출하고 있어.

남에게 조건 없는 사랑을 준다는 게
얼마나 큰 노력과 수고가 필요한지 아니?
우리는 잠깐 스쳐가는 택시 기사 아저씨의
말 상대를 해줄 인내심도 없는데 말이야.

우리가 돈을 버는 이유 역시
책무를 다하고 남에게 사랑받기 위해서고,
외모를 가꾸는 이유도, 열심히 사는 이유도
누군가의 사랑을 얻기 위해서라고 해도 틀린 말은 아니지.

그런데 그걸 공짜로 달라고 하는 건
사회가 움직이는 엔진이 꺼져버리는 것과 같아.
더 이상 남들보다 좋은 집, 좋은 차를 가질 필요도 없으니
열심히 일할 필요도 없고
사랑받기 위해 외모를 가꿀 필요도 없으니
꾸밈 노동은 영영 바이바이지.

**내가 피부가 까맣고 여드름 좀 있고 뚱뚱해도
나를 사랑해, 이것들아.**

마치 부모의 관심을 뺏긴 어린아이처럼
공짜 사랑을 구걸하는 걸로 보이네.

성숙한 어른이란 내가 무엇이든, 어떤 위치에 있든

날 사랑해달라고 하는 게 아니라

사랑받기 위해 책임과 노력을 다하는 사람을 말하는 거야.

그리고 만약, 네가 그런 사회가 마음에 들지 않는다면

너는 사랑받기 위해 노력을 하되,

상대방에겐 그가 누구든, 어떤 위치에 있든

사랑을 주면 되는 거야.

근데 그건 너무도 어렵고 힘든 길이기에

함부로 남에게 강요할 수 없는 길이지.

강요하는 순간, 이미 사랑이 아니게 되거든.

진짜 어른이 되기 위해
알아야 할 지식들

우리가 아이라는 껍질을 깨고 청년이 되어 세상에 나오면
여러 가지 자극들이 홍수처럼 물밀듯이 들어오게 돼.
보통 아이가 어렸을 때
부모로부터 세상의 형태를 배우는 것처럼,
사람은 이 시기에 겪었던 경험을 토대로 세상을 구체화하고,
자신만의 세계관을 구축하게 되어 있어.
처음 경험하는 대학 생활, 첫 연인, 첫 직장 같은 것들 말이야.

따라서 이때 형성된 가치관들이
너의 앞으로의 인생의 성공과 실패, 행복과 불행을
정해준다고도 할 수 있을 거야.
하지만 청년이라는 시기는 어린아이 때와 마찬가지로
착각하기 쉬운 시기라서,
자신을 성숙한 어른이라 생각하고
자신의 눈으로 세상을 판단하려는 경향이 있어.
한마디로 남의 얘기를 잘 안 듣고 산다는 거지, 뭐.

그런데 네가 만약 청년이라면 한번 생각해 봐야 할 건
네가 10년 전 너의 철없던 행동들을 부끄럽게 여기듯이
마찬가지로 앞으로 10년 후의 너도
지금의 너를 부끄럽게 여길 거라는 거야.

게다가 젊은 친구들은 젊음과 매력적인 육체를 가지고 있기에
늙고 병든 육체의 삶을 잘 상상하지 못하고,
돈과 현실이라는 가치에 대해 평가절하하고
미래를 낙관하기 쉬워.
그러다가 더 나이가 들어 몸이 늙어갈수록,
즉, 젊음이라는 선물을 뺏기고 나면
그제야 냉정한 세상의 모습이 제대로 보이기 시작하는 거지.

우리는 젊음 덕분에 어디 가서든 사람들과 어울릴 수 있고
관심과 사랑을 받고, 당연한 듯이 이권을 누릴 수 있었는데
그 젊음이 사라지고 나니
더 이상 사람들이 같은 농담에 웃어주지도 않고
세상이 더없이 차가워지는 거야.

그렇게 세상의 차가움을 마주했을 때
그나마 가족이나 명예, 혹은 재산이 있다면
아직 무도회장의 밖으로 밀려나지 않겠지만,

그마저 준비하지 않은 자들은 불빛 밖에서
나 홀로 서 있게 되는 거지.

누구에게나 주어지는 젊음이 상이 아니듯이
누구에게나 찾아오는 나이 듦이 형벌은 아니지만,
우리는 나이가 들수록
필요에 따라 사람을 가리는 인간의 본성을
더욱 더 마주할 수밖에 없게 돼.

따라서 아이가 공부를 하며 청년 시절을 준비했던 것처럼
우리는 병들고 약해졌을 때 무너지지 않기 위해서
그다음을 공부하고 준비해야 해.
우리 힘으로 준비할 수 있을 때 돈이나 지식, 지혜, 명예 등
세상이 너를 가치 있게 여길 만한 것들을 준비해 둬야 하지.

그리고 그것들을 얻기 위해
우리를 둘러싼 세상을 정확히 이해하고 공부할 필요가 있어.
세상을 굴리고 있는 경제, 사회, 정치, 문화, 종교, 가족, 국가……
삶을 구성하는 요소 대부분은 얼핏 보면 별개의 개념 같지만
각각의 요소들이 긴밀하게 연결되어 있기에
서로 떨어뜨려 놓고서는 제대로 이해하기 힘들어.

마치 누군가는 코끼리의 코를 만지고 뱀이라고 상상하고,
누군가는 코끼리의 다리를 만지며 통나무라고 생각하는 것처럼
잘못 판단하면 평생 잘못된 상식이라는 틀에 갇혀
일생을 살게 되는 거지.
또한 현대 사회에서는 쓸모없는 지식과 가치관, 슬로건이
너무나 많이 생산되기에,
지식의 줄기를 잘못 잡으면
평생 애먼 곳만 돌아다니다 인생이 끝나는 경우가 대부분이야.

공부가 중요하지 않다고 말하던 소년이 청년이 되어 후회하고
돈이 중요하지 않다고 말하던 청년이 중년이 되어 후회하고
결혼이 중요하지 않다고 말하던 중년이 노년이 되어 후회하며
사람이 중요하지 않다고 말하던 노년이 외로움 속에서 눈을 감지.
우리는 항상 벌어진 다음 후회하는 데 익숙해져 있잖아.

따라서 여기서부터는 내가 생각하기에
꼭 필요한 지식의 뿌리들,
자본주의 사회에서 여러 가지 판단을 내릴 때
가장 기본이라고 생각하는 내용들을 말해볼 거야.
너와 생각이 다르다고 욕하진 말고.
다르면 다를수록, 얻어갈 것도 많을 수 있다는 거잖아.

자본주의를 공부하면
세상의 모습이 보인다

우리는 자본주의, 자유주의 세상에 살고 있지만
우리가 사는 세상의 본질적인 모습에 대해
제대로 파악하고 사는 사람은 한 줌도 되지 않아.
초등학교 때 그저 몇 줄, 중고등학교 때 몇 단락 읽은 것 갖고서
고작 그 정도 내용으로 평생을 살아가는 거지.
마치 조막만 한 돛단배 위에서 망망대해를
나침반 없이 나아가는 것과 같아.

그러니 세상이 마치 미로처럼 보이고,
한 치 앞이 보이지 않으니
천금 같은 기회가 와도 알아보지 못하고 흘려보내게 되는 거야.
그럴 땐 비록 눈으로 보지 못하더라도
세상의 구조를 어느 정도 알고 있다면
공포를 이겨내고 한 발자국씩 움직일 수 있게 되지.
따라서 우리가 다가오는 기회를 잡기 위해
제일 먼저 해야 할 일은

바로 세상을 이루는 자본주의의 구조를 파악하는 일이 될 거야.

자본주의의 기본 원리는 뭐지?
바로 인간은 본질적으로 욕심쟁이라는 거야.
인간은 누구나 이기적이고, 본인을 위해 행동하기 때문에,
이를 인정하고 이런 인간의 본성을
경제를 돌리는 원동력으로 삼는 거지.

넌 돈에 관심 없다고?
난 돈 얘기를 하는 게 아니야.
인간의 욕망을 말하는 거지.

사람은 나이와 성별에 따라서 욕망의 방향은 조금씩 변하지만
욕망의 크기는 별로 변하지 않거든.
나이가 들어도 마찬가지지.
우리가 욕망에 대해 오해하는 부분은
단순히 돈과 명예만을 추구하는 걸 욕망이라고 생각한다는 거야.

**사람들에게 보편적으로 마음 깊은 곳에 깔려 있는 욕망은
사실 돈과 명예가 아니라,
남에게 사랑받고 인정받고 싶은 욕망이거든.**
돈과 명예는 단지 그런 욕망의 그림자일 뿐이야.

아이 시절에 본능적으로

부모와 주변 사람들의 사랑을 갈구했던 것처럼,

어른이 되어서도 단지 사회적 신분과 상황에 갇혀 있을 뿐,

본질적인 욕망은 변한 게 없어.

우리가 일을 하며 돈을 버는 것,

사회적 성취를 얻으려는 것 모두

옆에서 지켜봐 주는 사람이 없다면 무슨 쓸모가 있겠어?

나눌 사람 없는 부는 허망한 거고,

받지 못하고 주기만 하는 일방적 사랑 역시 마음만 아플 뿐이지.

너의 빛나는 기술과 지식도 그걸 뽐낼 사람이 없다면

코 후비는 능력과 크게 다를 바 없는 거잖아.

따라서 남에게 사랑받고자 하는

인간 욕망의 흐름을 살피다 보면

대부분의 인간 행동의 원칙을 배울 수 있고

정치 사회 문화 종교 모든 게 마인드맵처럼 하나로 이어질 때

인간사의 커다란 그림이 보이기 시작할 거야.

그리고 그런 인간의 욕망을 가장 적나라하게 보여주는 것,

바로 자본주의, 경제, 돈을 공부하다 보면

인간에 대해 누구보다 정확하게 이해할 수 있게 될 거야.

그때가 되면 네 눈앞에 왔다 갔다 하는
천금 같은 기회들이 비로소 눈에 보이게 되겠지.
그럼 그다음엔, 잡기만 하면 되는 거야.

돈은 그저
돈일 뿐이다

"나는 돈이 좋아."

너 누구 앞에서 이런 말 해본 적 있니?

없다고? 그치, 그치.

이런 말을 하는 순간 너는 어느새

천박한 자본주의자로 낙인찍혀 버리잖아.

사실 나도 어디 가서 무서워서 이런 말 함부로 못해.

근데, 나는 알지.

돈 얘기가 천박하다는 생각이 드는 사람이라면,

그 사람은 진정으로 돈이 필요한 사람일 거야.

왜냐면 **사실 우리가 마음속에서 진짜 원하는 것들은**

우리가 피하는 불편한 곳들에 숨어 있는 경우가 대부분이거든.

우리 뇌는 선사시대부터 오랜 기간

진화 과정을 거쳐왔기 때문에

본능적으로 불편하고 보기 싫은 걸

과도하게 피하려는 유전적 습관이 남아 있어.

돈 자체가 불편한 건가? 아니지.

그게 불편했다면, 우리가 굳이 평생

돈을 벌기 위해 일하는 데 시간을 바치지는 않았겠지.

우리가 내면에서 느끼는 불편감은 돈 그 자체가 아니라

사실은 돈이 부족함으로 인해 생기는

불편감과 정신적 박탈감이야.

사람은 사실 돈에 집착하는 게 아니라

돈을 얻음으로써 채울 수 있는

본인의 욕망에 대해 집착하는 건데,

본인의 욕망과 집착을 가리기 위해

아무런 선악의 개념이 없는 돈에 돌멩이를 던지는 거지.

돈이란 건 그저 편리한 도구고, 거래의 수단일 뿐이고

내 삶의 성취와 행복에 있어서 필수불가결한 요소야.

우리가 돈을 벌고 돈이 많아질수록 돈에서 자유로워지면서

돈이 무가치해지고, 객관적인 시선으로 돈을 볼 수 있는 반면에

돈에 쪼들릴수록 이성적인 판단이 흐려지고

욕망은 더욱 커지며, 돈에 지배당하는 삶을 살게 되는 거야.

원래 혼자 살고 싶다고 하는 사람이

사실 제일 사람이 고픈 사람 아니겠어?

TV프로 「나는 자연인이다」 보면 사람이 싫어서 숲으로 들어가도

결국 사람을 찾아 다시 방송에 나오잖아.

그래서 우리는 자기도 모르게

돈 같은 건 중요하지 않아.
돈이 행복을 가져다주지 않아.
돈이 전부는 아니야.

이런 자기암시 같은 주문을 중얼거리면서 살아가게 되는 거야.
아무도 돈이 전부라고 얘기한 적이 없는데
그저 돈 얘기만 하면 머릿속 암시가 깨질까 봐
자기도 모르게 분노가 생기고 방어기제가 작동하는 거지.
그게 바로 천박한 돈의 본질이야.

착각하면 안 되는 게, 보통 어린 친구들일수록
정말 정신적으로 돈에서 자유로운 경우가 많아.
그런데 그건 욕심이 덜하고 깨어 있어서 그런 게 아니고,
젊음이라는 커다란 축복이 있기 때문에
욕망의 방향이 다를 뿐이야.

젊은 친구들은 병원에 수백, 수천만 원씩 가져다 바칠 일도 없고
옆에서 은은하게 돈으로 압박하는 배우자도 없고
학원 보내주고 영어 유치원 보내줘야 하는 자식들도 없거든.
그저 학교 다니며 공부하느라 돈이 끼어들 자리가 적을 뿐

나이를 먹어 젊음이 사그라들고, 전쟁터에 혼자 설수록
돈의 가치가 크게 다가오기 마련이지.

네가 살면서 느끼는 박탈감과 좌절감,
친구의 인스타를 보고 친구의 자랑을 들었을 때 다치는 마음,
불합리한 직장에서 벗어날 수 없는 상황,
배우자와의 사이에 생기는 여러 가지 문제들······.
그 근원을 찾아가다 보면, 돈으로 해결되는 것들이 대부분이야.
그런데 근본적인 문제는 해결하지 못한 채
문제를 해결하려 하다 보니까

　　　마음을 비우세요.

　　　상대방을 이해하세요.

　　　자존감을 채워보세요.

자꾸 해답 없는 미로를 빙빙 돌게 되는 거란 말이지.
돈은 우리 삶의 문제 대부분을 해결해 주고
행복을 줄 수도 있고, 자유를 주기도 하는 고마운 존재기 때문에
돈을 정확하고 이해하고 객관적으로 평가할수록
오히려 돈에서 자유로워질 수 있을 거야.
그때는 더 이상 돈이 천박하게 느껴지지 않겠지.

사람은 언제
노예가 되는가

자유란 뭘까?

우리는 어렸을 때부터 우리가 자유민주주의 시민이며,

한없이 자유로운 존재라고 교육받았지만

사실 우리는 대부분 우리 눈에 보이지 않는 사슬로

칭칭 감겨 있는 노예의 삶을 살고 있어.

현대사회는 노예제가 없나?

당연히 있지.

노예제는 사람이 살아가는 한은 없어지지 않고

다만 형태만 바꿔서 존재할 뿐이야.

노예를 만드는 방법은 너무너무 쉽고 간단하지.

바로, 사람에게서 선택지를 없애면 돼.

선택지가 있으면 사람은 노예가 될 수 없어.

그냥 다른 길로 도망가면 되거든.

그리고 돈이란 게 바로 너에게 다른 길을 만들어주는 수단이야.

어느 회사에 가상의 김 대리가 들어왔다고 쳐보자고.

과장님이랑 처음으로 밥을 먹는데,
씨익 웃으면서 얘기하는 거지.

사실 저희 부모님이 큰 사업을 하세요!

너무 속 보이는 얘기긴 한데 전달하고 싶은 말은 분명하잖아.

나는 다른 선택지가 있으니까 노예 아닌데요.

그럼 과장님도 생각하는 거야.

얘는 좀 갈구면 퇴사각이구나.

그럼 보고서를 엉망으로 써와도
얼굴에 집어던지려다 멈칫하는 거지.

아 맞다, 얘는 자유인이었지.

아빠의 천박한 돈이 김 대리의 얼굴을 보호해 준 거야.

보통 나이가 많을수록 선택지가 줄어들기 마련이야.

특히 가정과 아이가 있다면 더더욱.

젊을 때 당당하던 사원도

나이 먹고 몸에 대출이 주렁주렁 붙고

일단 가정을 만들고 나면 선택지가 점점 사라져 버리지.

그때부턴 사장도 그걸 기가 막히게 캐치하는 거야.

예전엔 김 대리, 김 대리 하던 게

어느 순간부터 야, 너, 임마 되는 거 순식간이지.

'아빠, 엄마'거리는 귀여운 족쇄들이 줄줄이 붙어 있는데,

귀여워서 잘라내지도 못하지.

노예계약서를 되찾으려면 뭐가 필요할까?

그놈의 천박한 돈이지, 뭐겠어.

노예적 관계는 가정에서도 얼마든지 생길 수 있어.

보통 기성세대 부부 관계에서는

남편이 경제적 주도권을 가진 경우가 많았지.

그럼 둘 사이엔 묘한 권력관계가 생기기 마련이야.

말로 표현은 안 해도

아내는 경력 단절로 인한 경제적 불안감과 막막함으로 인해

자기도 모르게 위축되는 경우가 많지.

왜냐면 선택지가 없으니까.

물론 반대의 경우도 있어.

경제적 부양만을 목표로 달려온 가장 중에는

인간관계가 협소한 사람들이 많지.

나이를 먹고 돈이 중요하지 않게 되는 순간

내 곁에 필요한 건 사람과 애정인데,

하나만 보고 달려왔더니 주변에 가족밖에 남지 않게 된 거야.

그럴 땐 오히려 권력관계가 역전되어 버리는 거지.

밖에 나가도 얻을 수 있는 인간관계나 애정이 없으니

가정에서 얻어야 하지만,

정신적 유대를 소홀히 한 가장들은 소외되기 시작해.

선택지가 없어졌으니

이번엔 반대로 노예의 길로 가게 되는 거야.

사필귀정, 사필귀정.

돈 이야기는 아닌데,

연인 관계에서도 노예가 있기는 마찬가지야.

흔히 가스라이팅이라고 하는 세뇌 과정이 일어나는

첫 번째 단계는 주변 인간관계의 단절이야.

오직 나에게만 애정과 사랑을 얻을 수 있도록

상대방의 주변 사람들을 잘라내고

선택지를 나 하나만 남겨놓는 거지.

이런 사람들은 자신의 모든 행동에 사랑이란 이름을 붙이지.

마치 어떤 사람들이 자기들의 이기적인 행동에
도덕과 정의란 타이틀을 붙이는 것처럼.
아이고. 이것도 말만 연인이지 노예인 것 같네.

유산을 물려주고 나면 자식들에게 버림받는 부모들이 있지.
자식 농사를 어떻게 지었는지는 차치하고,
자식에게 유산을 모두 물려주는 순간
죽기 전까지의 모든 선택지는 사라져 버려.
자식을 사랑하는 것과 스스로의 자유를 포기하는 건
별개의 일인데 말이야.

국가와의 관계는 어떨까?
국가는 훨씬 무섭지.
국가는 돈을 초월해 법으로 노예를 만들 수 있어.
중요한 사업 인허가를 받아본 사람은 알겠지.
내 목줄이 나라의 손에 달려 있다는 게
얼마나 무서운 일인지.
'저거 허가 안 해주면 내 인생 망가질 텐데?'
그거 생각하는 순간 나도 모르게 굽신굽신.
왜 정치인들이 규제를 좋아하겠니.
남에게 뭔가를 할 수 있게 허락해 준다는 것,
그게 바로 권력이거든.

노예는 꼭 계약서가 있어야만 존재하는 게 아니야.

선택지가 없는 사람은 노예가 되는 거고

보통 선택지를 늘릴 수 있는 가장 쉬운 방법은 사실 돈이지.

그래서 나한테 돈은 자유계약서 같은 거야.

내 시간에 자유를 주고 날 당당하게 만들어주거든.

우리 모두는 노예 목걸이 벗어 던지려고

같이 아등바등하는 동기 같은 사이라고 할 수 있어.

근데 어떤 사람들은 힘껏 몸부림쳐도 아까운 시간에

서로 노예 목줄 길이를 비교하고 앉아 있으니,

얼마나 한심한 일이니?

노예는 꼭 계약서가
있어야만 존재하는 게 아니야.
선택지가 없는 사람은
노예가 되는 거고
보통 선택지를 늘릴 수 있는
가장 쉬운 방법은 사실 돈이지.

그래서 나한테 돈은
자유계약서 같은 거야.
내 시간에 자유를 주고
날 당당하게 만들어주거든.

2

✳

자본주의 세상의 법칙을 배우자

우리는 죽기 전까지
평생 인플레이션과 싸운다

내가 수많은 사람을 만나오면서 항상 느낀 안타까움이 있어.
대체 왜 사람들은 그토록 긴 삶 속에서 경제에 무관심할까?
여자든, 남자든, 아이든, 노인이든 간에
왜 게임 규칙도 읽지 않고 인생을 살려고 할까.

남자친구랑 싸웠어?
경제를 배우면 그 안에 답이 있지.
직장 상사가 너무 싫다고?
경제를 공부하면 해결 방법을 알 수 있을 거야.
거짓말 같다고? 진짜야, 진짜.

그저 남들보다 조금 먼저 경제에 관심을 가졌다는 사실만으로
남들보다 수십 걸음 앞서가는 사람들을
수없이 많이 봐왔음에도,
애초에 무관심한 사람이 경제에 흥미를 갖게 하는 건
너무 어려운 일이더라고.

그저 서점에 달려가서 책 몇 권 읽는 것만으로

인생을 바꿀 수많은 기회를 잡을 수도 있는데

그 간단한 행동을 하기까지 수십 년이 걸리거나

혹은 평생 동굴 안에서 사는 걸 보면

안타깝다는 말 외에는 다른 말이 떠오르지 않네.

따라서 우리는 삶을 괴롭히는

모든 잡다한 문제들을 일단 덮어놓고

제일 먼저 우리 삶을 움직이는 규칙에 대해 파악할 필요가 있어.

그게 바로 너를 괴롭히는 모든 문제를

해결하는 시발점이 될 거야.

우리는 왜 경제를 공부해야 할까?

돈을 벌기 위해서?

그것도 틀린 말은 아니지만, 보다 정확히는

자본주의 세상에서 살아남기 위해서라고 할 수 있어.

자본주의에서 경제를 모른다는 건,

알파벳도 모른 채 살아가는 것과 같아.

우리가 삶에서 만나는 거의 모든 문제는

경제 속에서 해답을 찾을 수 있거든.

그리고 그런 경제 현상 중

우리 삶과 가장 밀접한 부분이 바로 인플레이션이야.

네가 직장에서 괴롭고 힘들어도 일을 그만두지 못하는 것,

집에서 일어나는 부부 싸움,

아무리 일해도 삶이 나아지지 않는 것,

여기저기 둘러봐도 결혼하고 싶은 배우자를 찾을 수 없는 것…….

전혀 별개의 사건들처럼 보여도, 사실 이유를 따지고 보면

인플레이션에서 파생된 문제들이 대부분인데

원인을 잘 모르고 있기 때문에

자신이 뭐랑 싸우고 있는지도 모른 채

이상한 데다 칼을 휘두르다 인생을 허비하는 거지.

본인들은 잘 모르지만, 평범한 서민들 대부분은

평생 인플레이션과 싸우다 인생을 마감하게 되거든.

인플레이션에 대해 알기 위해,

평소 자연스럽게 사용하는 돈에 대해 한번 생각해 보자고.

우리는 아무 생각 없이 돈을 쓰고 소비하지만,

원시인이 현대에 와서 이 광경을 목격한다면

미친 사람으로 생각할 거야.

종이에다 요상한 그림 몇 개 그려 놓은 걸로

쌀도 사고 집도 사고 하잖아.

저것들은 대체 뭘 믿고 저러지?

우리는 자연스럽게 화폐를 믿고 경제활동을 해가고 있지만,
사실 이 화폐라는 건 비트코인만큼이나
엄청난 변동성을 갖고 있는 물건이야.
우리가 현대 방식의 종이 화폐를 사용하기 시작한 건
긴 인류의 역사에서 채 1000년도 되지 않았지.
그전에는 돈으로 주로 은이나 금 등의 실물을 활용했는데
굉장히 불편한 형태의 통화였어.
왜냐면 은이나 금이란 건 휴대와 보관이 불편할 뿐 아니라
수량이 한정되어 있었기 때문에
국가 경제를 키우는 데 큰 장애 요소로 작용했거든.
물건도 있고 수요자도 있는데, 돈이 부족해 거래를 못 하는 거지.

따라서 종이 화폐, 다시 말해 정부를 믿고 쓰는 신용화폐라는 건
이런 시장의 여러 문제를 해결해 주는 엄청난 발명품이었고
인간 문명이 탄생한 이래로
사람들이 이 종이 쪼가리를 믿고 사용하게 만들기까지
무려 수천 년 이상의 세월이 필요했던 거야.

우리가 생각 없이 쓰는 종이 화폐가
얼마나 위대한 발명품인지 알겠어?
우리는 이 발명품 덕에 더 이상 금과 은덩이를 들고
시장에 나갈 필요 없이 손쉽게 거래를 할 수 있게 됐지만

그 대가로 악성 부작용에 시달리게 됐어.

그게 바로 인플레이션이야.

네가 만약에 돈을 찍어낼 권한을 가진다면,

당연히 남들 몰래 더 찍어내지 않겠니?

심지어 정부는 항상 국민들의 민심을 달래기 위해

선심성 정책을 펼쳐야 해서, 계속 돈을 찍어내려고 하거든.

따라서 현대 경제 시스템에서

인플레이션은 피할 수 없는 운명 같은 거야.

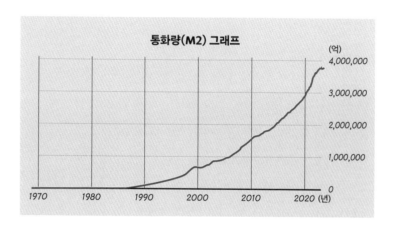

우리나라 통화량 그래프를 봐.

잠깐의 부침은 있어도 항상 우상향하잖아?

마치 우리나라 부동산처럼 말이야.

정부는 화폐를 계속 늘려나가고,

화폐를 늘려나가면 금과 부동산 같은 진짜 자산의

내적 가치는 변한 게 없는데

화폐의 표시상의 가치는 점점 올라가게 되어 있어.

하지만 너의 월급은 그 증가 속도를 따라가지 못하므로

정체하게 되고,

따라서 빈부격차가 늘어나게 되지.

늘어난 빈부격차는 사회적 불만을 키우고,

정부는 그걸 핑계로 화폐를 더 늘려서

소득이 낮은 계층에 대한 선심성 정책을 늘리게 돼.

우리는 은행에 돈을 맡겨두면

안전하게 이자가 쌓인다고 생각하고 있지만,

사실 그건 틀린 생각이야.

돈은 매년 물가상승률만큼 가치가 깎여나가므로,

은행 이자가 물가상승률보다 낮다면

너의 자산은 야금야금 깎여나가고 있는 거야.

마치 몰래 감춰둔 음식을 쥐가 갉아먹듯이

정부가 너의 돈을 야금야금 먹어치우고 있는 거지.

급여 역시 마찬가지야.

너의 급여 오름폭이 물가상승률보다 높다면

너의 급여는 오른 거고, 너의 가치가 상승한 거지만

너의 급여 오름폭이 물가상승률보다 낮다면

너의 급여는 사실상 깎인 거고, 너의 가치는 떨어진 거지.

따라서 우리는, 아니지, 이걸 이해하고 있는 사람들,

즉 부자들은 이걸 알기에

항상 매 순간 순간 리스크를 감수하고

인플레이션과 싸워나가고 있는 거야.

내가 처음에 투자의 리스크를 두려워하는

동생에 대해 이야기했지?

이게 바로 그 답이야.

우리가 위험을 감수하고 투자를 하는 이유는

단순히 돈에 대한 욕심이 아니라

정부의 합법적 폭력인 인플레이션으로부터

나의 자산을 지켜나가는 행위인 거야.

이걸 모르는 사람들은

대체 왜 자신이 점점 가난해지고

인생의 레이스에서 뒤처지는지 제대로 모른 채

나는 열심히 사는데, 성실히 돈을 모으는데

왜 자신은 가난해지는가에 대한 분노와

사회에 대한 원망이 마음속에 자라나는 거지.

불과 몇 년 전에 1억, 2억 하던 똑같은 집을
3억, 4억 주고 구매하게 되고
당연히 너의 직장에서의 은퇴 시기도 10년, 20년 늦춰지겠지.
그렇게 생긴 사회에 대한 불만, 질병, 부부 싸움 모두
인플레이션과의 싸움에서 생긴 결과물들이라고 해도
틀리지 않을 거야.

그런데 네가 알아야 할 건 이 인플레이션이라는 게
어떤 정부나 뛰어난 정치인이 나타나더라도
절대로 피할 수 없는 자연의 섭리이기 때문에,
분노와 원망은 아무런 도움이 되지 않는다는 거야.
정부와 정치인이 행사하는 영향력은
단지 인플레이션을 늦추냐, 가속화시키냐의
차이가 있을 뿐이야.

따라서 우리는 우리 삶의 진정한 적을 바로 알기 위해
우리 세계를 움직이는 커다란 질서와 돈의 흐름,
그리고 인플레이션에 대해
파악해야 할 필요가 있다는 거지.

우리가 위험을 감수하고 투자를 하는 이유는
단순히 돈에 대한 욕심이 아니라
정부의 합법적 폭력인 인플레이션으로부터
나의 자산을 지켜나가는 행위인 거야.

화폐의 흐름과
국가의 흥망

국가가 처음 태어난다는 건

아기가 처음 세상에 나오는 것과 비슷해.

국가란 건 개인의 커다란 집합체이기 때문에,

국가는 평범한 개인의 일생을 상당히 유사하게 따라가게 되거든.

인간이 나이를 먹고 주름이 생기듯,

국가 역시 여러 군데가 삐거덕거리기 시작하는데

그 흐름을 파악하기 위해서

정치와 경제, 문화, 그리고 화폐의 흐름을 통해

국가의 나이를 가늠해 볼 수 있지.

처음 태어난 국가는 대부분 먹고살기 어렵고 교육 수준이 낮지만

잘살고자 하는 의지만큼은 충만한 상태지.

왜냐하면 다 같이 먹고살기 힘들고 가난하기 때문에

내가 좀 더 노력하면 남들을 앞지를 수 있다는

희망에 가득 차 있거든.

도파민이 계속 나오는 거지.

불평등도가 극도로 낮은 이런 신생국가는
어린아이가 크듯이 보통 굉장히 빠르게 성장하게 되는데
생각해 보면 당연한 게, 사람한테 먹고사는 것만큼
절실한 동기부여가 어디 있겠니.
일하면 일하는 만큼 눈앞에 빵이랑 쌀이 생기니까
신나서 일하는 거지.

이때의 국민성에 대해서는 사실 별로 큰 기대를 하면 안 돼.
우리가 후진국 가면 자꾸
소매치기 당하고, 사기 당하고, 호객 당하고, 비위생적인 거
그건 그 친구들이 단순히 악해서 그런 게 아니야.
너도 그 나라에 평생 던져 놓으면
비슷한 행동을 하고 다닐 거야.
사람은 항상 생존에 가장 최적화된 행동을 하기 때문에
우리나라도 70년대에는 외국인한테 잘해주는 것보다 사기치는 게
더 생존에 최적화되었으므로 사회가 어지러웠던 거고,
중국도 그렇고 옛날 일본도 그렇고
한때 미국, 유럽도 초창기엔 다 막장 국가였던 거지.
횡단보도를 파란불에 건너는 게
너한테 사회적 이득이 될 때만 다들 그렇게 움직이는 거지,
먹고살려고 빨리빨리 움직이는 게 이득일 땐
다들 빨간불에 건너는 거야.

그리고 그런 국민성, 매너, 도덕성, 교양이 생기기 위한
전제조건은 뭘까?

교육? 사상? 아니야, 아니야.

제일 먼저 배가 불러야 돼.

즉 경제력이 가져다주는 거지.

물론 살다 보면 고아한 인품의 소유자들이
가뭄에 콩 나듯이 있긴 하겠지만,

대부분의 사람들은 배가 불러야 주변이 눈에 들어오거든.

그리고 국가의 발전은 정치와 함께 움직이기 때문에
어떤 체제로 국가를 다스리는가가
그 나라의 흥망을 결정한다고 해도 과언이 아니야.

어떤 체제가 더 낫냐고?

시기에 따라 다르지.

자꾸 공산주의, 사회주의, 민주주의라는
쓸데없는 단어에 집중하는 사람들이 있는데

그건 그냥 의사 전달을 위해 필요한 단어일 뿐이야.

체제를 복잡하게 생각할 것 없이

권력이 국가에 집중되어 있는가,

아니면 권력이 개인에게 나누어져 있는가로 나눌 수 있어.

권력이 집중되어 있으면

독재국가, 왕정국가, 공산국가, 사회주의 국가,

권력이 다수에게 나누어져 있으면

자유민주주의 공화국 등으로 부르지만

사실 이름 따윈 별로 중요하지 않지.

이름이 그 나라의 특성을 규정한다면

'민주' 붙인 나라는 다 잘살아야 될 거 아니니?

근데 그렇지 않잖아.

북한도 민주주의 국가고,

아프리카에도 수많은 민주 독재국가가 넘쳐나지.

신생국가 초기에는 자유민주주의보다는

오히려 권력이 집중되어 있는 독재 형태의 국가가 유리해.

미국도 건립 초기에는 민주공화당 1당 체제였고

세계에 있는 대부분의 나라가 초창기에는

대부분 독재국가의 형태를 띄었지.

독재는 나쁘다고?

조선시대는 독재국가 아니니?

신생국가의 국민들은 대부분 교육 수준이 낮기 때문에

우리가 알고 있는 자유민주주의는 국민들 대부분이

이성적 사고를 할 때 쓸 수 있는 선물 같은 거야.

우리가 맨날 욕하는 중국 사람들, 후진국 소매치기들,

거리에서 사기 치는 친구들 데려다 놓고

다 한 표씩 주면 어떤 일이 생길까?

돈 봉투 왔다 갔다 하고

제일 부패한 사람이 최고가 되는 암흑시대가 펼쳐지는 거지.

따라서 국민성이 떨어질 때의 자유민주주의는

돼지한테 진주목걸이를 걸어준 것과 마찬가지기 때문에,

신생국가는 어느 정도 현명한 지도자가

힘을 갖고 끌어가는 권력이 집중된 형태가 더 유리한 거야.

이런 형태의 국가는 지도자만 어느 정도 멀쩡하다면

권력이 분산된 국가에 비해 빠르게 성장할 수 있지.

그냥 눈 두 개, 코 하나, 입 하나만 달린 지도자라도

괜히 준비도 안 된 국민들 데려다 민주주의 하는 국가보다

빠르게 성장할 수 있어.

왜냐하면 지도자가 사회 불안이랑 치안만 잡아줘도

국민들이 먹고살려고 알아서 열심히 일하거든.

그러니까 독재국가라는 권력이 집중된 형태의 체제는

나라의 발전 과정 중에 어쩔 수 없이 겪게 되는

성장통, 2차 성징 같은 거야.

근데 나라가 한 발자국 더 나아가기 위해선,

즉, 보다 진화한 형태의 국가가 되기 위해선

평범한 지도자만으로는 불가능한 상황이 만들어져.

왜냐하면 국민들이 소득이 커지고 머리가 굵어지기 시작하면

옛날엔 먹고사는 데만 집중했는데,

갑자기 다른 걸 찾기 시작하거든.

원래 독재국가 안에서 사회적 문제를 이것저것 해결하다 보면

불합리하고 억울한 피해자는 무조건 생기게 되어 있어.

이건 독재가 옳다, 그르다 하는 선악의 문제가 아니고,

사람이 늙고 죽는 것처럼 자연스러운 현상이야.

초기 신생국가라는 게 마약사범도 많고

법이 뭔지도 모르는 무법자, 살인자, 도둑 득시글거리는데

그게 좋게 좋게 해결이 가능하겠어?

법도 제대로 정비되어 있지 않고,

그 법을 집행하는 사람들도 법과 범법을 들락날락하지.

괴물 잡으려면 괴물이 되는 수밖에 없잖아.

그러면 독재 반대편에 있는 세력들이 나서서

반정부 활동을 하게 돼.

먹고살기 힘들 땐 민주주의 외쳐도 눈에 안 들어오니까

국민들이 잘 안 들어줬는데

이제 소득수준이 오르고,

먹고사는 게 어느 정도 해결된 상태에서 들어보니까

맞는 말처럼 들리는 거야.
그러면 어쩔 수 없이 독재 세력과
반대 세력 간의 충돌이 일어나고
대부분의 독재자는 무력으로 상황을 해결하게 되지.

독재자가 물러나면 자기만 죽을까?
자기랑 가족, 부하들, 따르던 사람 다 죽고
반대 세력에 의해 역사서에 오랫동안 조리돌림당할 텐데
개인으로서는 그 길을 선택하는 게 쉽지 않을 거야.
그래서 스스로 물러나는 독재자란 거의 불가능한 거지.

그러면 그럴 때 권력 넘겨주면 모든 게 잘 굴러갈까?
그렇지도 않지.
대부분의 나라에서는 오히려 경제가 더 나빠졌다가
민주했다, 독재했다 왔다 갔다 하는 경우가 태반이야.
왜냐하면 독재사회의 행정가들은 비록 부패했더라도
오랜 시간 경험과 노하우가 쌓인 사람들인데
그 사람들 다 갈아내고 새로운 집권 세력이 정권 잡으면
나아질 확률이 높을까, 더 망가질 확률이 높을까?
그래서 대부분 거기서 거기고,
지지부진하게 왔다 갔다 하면서
중진국의 문턱에 걸려서 나아가질 못하는 거지.

중진국으로 나아가기 위해서 필요한 건?

민주냐 독재냐가 중요한 게 아니고 바로 지도자의 결단이야.

과거 중국의 덩샤오핑이 미국의 유명한 경제학자에게

잘살려면 어떻게 해야 할지 물었더니

그 사람이 이렇게 대답했대.

어떤 국민이든 먼저 부자가 되면 된다.

즉 선부론, 흑묘백묘론이야.

그래서 중국은 자본주의의 핵심 원리를 배우기로 하고,

공산주의 계획경제를 포기하고 자본주의 경제 시스템을

일부 받아들이면서 경제발전을 이룩하게 됐지.

자본주의는 그냥 돈 놓고 돈을 먹는 시스템이 아니야.

인간의 탐욕을 인정하고

그걸 경제발전에 활용하는 시스템이지.

대학교 때 동아리 활동 해봤어?

너는 동아리 활동 열심히 했는데

후배들은 들어와서 뜨뜻미지근하다 다 나가버리잖아?

너는 재밌는데 그 친구들은 재미없어서 그래.

맨날 자기들만 웃긴 얘기하고,

선배들은 여자 후배만 챙기고 있는데

무슨 재미로 동아리 활동을 해?
그러다 동아리 망하는 거지.

집단도 똑같고, 회사도 똑같고, 나라도 똑같아서
집단 내의 개개인이 재미를 느끼고,
혹은 희망을 갖고 생산활동에 매진했을 때
경제 규모는 자연스럽게 커지게 되어 있어.
집권 세력만 자기들끼리 노나먹고 재밌으면
나라가 커질 리가 있겠어?

때문에 중진국으로 나아가는 키 포인트는
집권 세력이 자신의 욕심을 포기하고
과실을 국민 모두와 나누는 거야.
그게 그렇지 못한 독재국가, 민주국가와의 차이점이야.
여기서 과실을 나눈다는 걸 착각하면 안 되는 게
단순히 배급이나 복지를 통한 일차원적 분배가 아니라
나라의 진정한 생산시설들,
즉 땅, 기업, 나라의 자산들을 나누는 걸 말하는 거야.

우리나라를 예로 들어볼게.
우리나라는 일제 치하에서 해방 후,
나라의 토지를 지주들에게 국가가 사들여서

농민들에게 나눠줬기 때문에
지금과 같은 국가발전의 토대를 마련할 수 있었어.
만약 그때 집권 세력이 욕심을 부려
북한처럼 토지를 독점했다면,
아마 지금까지도 정치 사회적으로 불안정한
개발도상국으로 남아 있을 가능성이 크지.

그렇게 독재국가를 넘고
부를 국민들에게 나누고 나면 어느 정도 사회가 성숙하면서
진짜 자유민주주의를 시행할 수 있는 국민성이 만들어지는 거야.
사춘기를 넘어 청년으로 성장한 거지.

다른 나라 대부분이 지도자의 욕심이라는 관문을
넘지 못하고 스러지는 경우가 많아.
일단 이 허들만 넘고 나면 사회는 급속도로 발전하게 되는데
좋은 것뿐 아니라 안 좋은 것들도 같이 쭉쭉 자라나게 되지.
젊은 친구들은 성장 가능성은 높지만,
맨날 담배 피우고 술 마시면서
몸속에 암세포를 키워놓잖아?
처음에는 잘 성장하던 국가에도 점점 양극화와 포퓰리즘이라는
악성 부산물이 자라나게 돼.

당연하지.

선부론이란 건 잘난 사람이 먼저 커서

다수를 먹여살리는 구조인데

인간의 능력이 다르다 보니

잘난 친구들은 2대, 3대, 4대 계속 잘나고, 돈 더 벌고,

유전자 더 좋게 개량하고 더, 더, 더 잘되는데

그렇지 못한 사람들은 점점 더 뒤처지잖아?

재미없는 동아리방이 되어버리는 거지.

그렇게 커진 양극화는

사회의 효율성과 생산성을 점점 더 떨어뜨리게 되고

점점 나라를 빚의 구렁텅이로 몰아넣게 돼.

빚이란 건 개인이 빌리고 싶다고 빌릴 수 있는 게 아니야.

신용이 있어야 돈도 빌려주는 것이기 때문에

초창기 신생국가는 빚을 내고 싶어도 낼 수가 없어.

자국 통화를 너무 많이 찍어내 봤자

환율이 올라서 나라가 더 망하기 때문에

어쩔 수 없이 열심히 살아야 하지.

그런데 어느 정도 경제 규모 올라오고 신용도가 쌓이다 보면

가만히 있어도 여기저기서

돈 빌려주겠다고 난리를 피우는 거야.

중국이 일대일로, 미국의 IMF가
신흥국들한테 돈 빌려주는 이유도 바로 그거야.
돈 빌려가서 돈의 맛을 알면
사람이든 국가든 노예 만드는 건 순식간이니까.
그래서 악인들은 항상 젊은이들한테 꼬이는 거지.
순진하기도 하고, 젊음이라는 담보가 있어서
어떻게든 받아내기가 용이하기도 하고.

그래서 나라가 일단 본궤도에 오르기 시작하면
국제 자본세력들 입장에선 어차피
한동안 장기적으로 성장할 수밖에 없는
안전자산으로 보이는 거고
그때부터 채권도 많이 팔리고 자산도 잘 팔리는 거지.
대신, 빚이 쌓이게 돼.

빚은 유용한 무기야.
네가 20년 30년 몸을 갈아 넣어야 살 수 있는 집을
순식간에 땡겨서 사 버릴 수 있거든.
그 덕분에 너는 국가가 합법적으로 행사하는
인플레이션이라는 폭력으로부터 너 개인을 보호할 수 있어.

그리고 또한 양날의 검이기도 해.

빚에 한번 맛들면 너의 땀방울이 가치 없어 보이거든.

그렇게 빚으로 굴러가는 사회가 시작되면

다시 뒤로 돌아오긴 점점 어려운 체질로 바뀌기 시작해.

카드로 돌려막기하는 친구들이

그거 청산하는 게 어디 가능한 일이야?

대부분 돌려막기하다가 파산하잖아.

심지어 국가라는 건 인구가 5000만 명, 1억 명이 넘기 때문에

큰 수의 법칙에 따라

그 나라의 가장 평범한 사람 정도의 결괏값이 나오게 되어 있어.

그러니 나라가 빚을 털어내는 건

한번 파산하기 전까진 거의, 사실상 불가능한 거야.

그리고 문제는 한번 빚을 내기 시작하면

양극화는 오히려 점점 더 심해진다는 거야.

왜냐하면 돈 잘 버는 친구는 신용도 크고,

빚을 더 많이 끌어다 쓸 수 있으니 더 부자가 되거든.

그리고 양극화가 벌어지면 또 필연적으로 나타나는 친구들이

사회가 변화되기를 원하는 포퓰리스트들이야.

이 친구들은 달콤한 말로 사람들을 꼬드기지만

결국 결론은 한결같아.

사회는 잘못되었고, 불평등하고, 나쁜 놈들이 부를 독점하므로

그거 뺏어서 '내가' 나눠주겠다 이거야.

그래서 결론은 돈을 써야 한다,
혹은 누군가를 처벌해야 한다로 귀결되곤 하지.

근데 무슨 돈으로? 세금으로 하지.
그렇게 늘어난 지출은 사람들의 생산성을 점점 떨어뜨리고,
생산성이 떨어지니 당연히 세수는 떨어지는데
사회적 지출은 한번 시작하면 점점 커지기만 한단 말이야?
그러니까 성실했던 국가가 빚쟁이 국가로
체질이 변해버리는 거야.
계속 국채를 발행하거나 돈을 찍어내서 양극화를 벌리지.
이렇게 체질이 바뀐 국가는 다시 옛날로 돌아갈 수 없어.
빚은 점점 커지고, 양극화는 벌어지고, 생산성은 점점 떨어지고,
노인으로 점점 변해가는 거지.

그리고 이렇게 나라가 늙고 병들어 가도,
어떤 나라는 변칙적인 방법으로 생명 연장의 꿈을 이루기도 해.
미국이 그런 경우지.
자신들의 화폐가 전 세계에서 쓰이는 기축통화국이 되면 돼.
기축통화국은 자기들 빚을 다른 나라에 넘길 수 있거든.
어떻게 넘기냐고?
네가 생산한 100달러짜리 물건을 돈 찍어내서 사버리면,
그게 자기들 빚을 넘기는 거지, 뭐.

대신 기축통화국은 어쩔 수 없이 타락의 길을 걸을 수밖에 없어.
빚으로 모든 걸 해결할 수 있는 국가가
정상적인 생산활동을 할 수 있을 리가 없잖아.
한도 무제한 신용카드 있는데 왜 성실하게 일을 하겠어.
그러면 결국엔 기축통화국조차도 망하게 되고
그때 전 세계적인 패권 교체가 일어나는 거지.

따라서 기축통화국의 몰락은
화폐의 몰락과 같이 움직이게 되어 있어.
강한 군사력?
그런 거 별로 필요 없어.
군인도 월급 받아야 싸우는 거지.
화폐가치 떨어져서 월급 못 주면
100만, 200만 군대도 없는 거나 마찬가지야.
심지어 사회가 발전하면 군인들 취급도
점점 뒷방 노인 취급으로 변해가서
애국심이나 충성심도 사라져 버려.
그래서 미국도 요새는 감당할 능력이 안 되니,
직접적인 전쟁을 피하는 거지.

그리고 사회적으로는
생산성 있게 일하는 친구들은 점점 없어지고

생산성이랑 관계없는 비영리 단체들만

우후죽순 가득 차는 거야.

전쟁 나면 시민단체들이랑 고양이, 강아지들이 싸울 순 없잖아.

그렇게 타락하고 병든 국가는

국민들이 가장 행복한 '것'처럼 보일 때

신기루처럼 망해서 스러지는 거지.

이제 나라가 태어나서 늙어가는 과정을 대충 알겠지?

너희 집에서 일어나는 부부싸움도

국가라는 커다란 생명체가 움직이면서 생기는 부산물일 뿐이야.

거의 대부분의 나라들은 이 운명의 수레바퀴 안에서

크게 벗어나지 않아.

사람 인생도 다 거기서 거기인 것처럼

국가라고 다를 거 없어.

따라서 우리는 우리가 이 거대한 미로 속에서

어디쯤에 위치해 있는지를 절대자의 눈으로 내려다보는 거야.

그리고 그 시기에 맞춰, 각자 처신을 정하는 거지.

그게 바로 우리가 경제와 사회를 공부하는 이유가 될 거야.

인플레이션의 주범,
미국

국가는 결국 사람처럼 나이를 먹어가고,
그 나이는 인플레이션을 통해 가늠할 수 있어.
그럼 우리는 우리를 둘러싼 세상의 나이를 알기 위해,
대체 인플레이션이 어디서부터 시작되는지를
먼저 알아봐야겠지.

사실 지금 우리가 살고 있는 세계는
100년 만에 한 번 오는 거대한 변혁의 한가운데 있는데,
그걸 알고 대비하는 사람은 큰 부와 기회를 잡을 수도 있고
그걸 모르는 사람들은 자기도 모르는 새에
불행과 고통의 늪에 빠질 수 있어.
그러니 먼저 우리는 우리가 살고 있는 세계의 질서를 만들고
지금도 열심히 인플레이션을 수출하고 있는 자본주의의 심장,
미국이라는 나라에 대해 알아보도록 하자.
맨날 미국이 어쩌고, 달러가 어쩌고
너무 많이 들어서 지겹겠지만

사람들이 많이 말한다는 건 그만큼 중요하다는 거잖아?

사실 알고 보면 네가 취업이 될지 말지도
이미 저 멀리 바다 건너 미국 땅에서 결정되는 거고,
네가 어떤 삶을 살지, 돈을 벌지 말지, 결혼을 할지 말지도
미국 땅에서 일어난 결정의 영향을 받기 때문에
우리가 미국의 정치와 경제에 대해서 모른다면
아무것도 안 보이는 길을 걸어가는 것과 같다고 할 수 있어.
그러니까 미국이라는 나라를 공부하는 건
우리 삶의 방향을 결정하는 데
굉장히 중요한 일이라고 할 수 있을 거야.

미국은 명실상부한 전 세계의 패권 국가고
보통 패권 국가는 기축통화와 함께
전성기를 시작하게 되어 있어.
기축통화란 건 국가 간의 결제나 거래의
기본이 되는 통화를 말해.
전 세계 사람들이 내가 찍어낸 돈을 쓰고
그 돈을 찍어낼 권리가 나에게 있다면
그것만큼 강한 권력이 어딨겠어?
한도 무제한 신용카드가 있는 건데.

100년 전에는 기축통화국의 역할을

영국의 파운드화가 하고 있었는데

영국이 몰락하면서 그 자리를 미국이 차지하게 되지.

영국의 파운드화가 어떻게 망했냐고?

우리가 코로나 시기 때 겪은 거랑 비슷하지, 뭐.

너무 많이 찍어냈거든.

너무 많이 찍어낸 통화는 신뢰를 잃게 되고,

통화의 신뢰가 없어지면

더 이상 통화의 역할을 못 하게 되는 거잖아.

100년 전 2차 세계대전이 끝나고

서방 국가들은 브레튼우즈 회의를 열어

전쟁 후의 질서를 정했는데,

브레튼우즈 회의의 주요 내용은 아주 간략히 말하면 이거야.

1. 앞으로 전 세계 기축통화의 자리는 달러로 할 것

2. 앞으로 35달러를 갖고 오면 금 1온스로 바꿔줄

테니까, 안심하고 사용할 것

지나치게 많이 찍어내서 신뢰를 잃어버린

파운드화의 자리를 대신하기 위해 미국은

앞으로 우리는 돈 많이 안 찍어낼 거예요.
봐봐요, 금으로 바꿔주잖아요.
달러는 금이나 마찬가지예요.

라고 홍보를 하며 파운드화가 독점하던
세계의 질서를 뒤집어 버린 거지.

본디 화폐란 건 정부에서 발행하기 때문에
정치인들의 필요에 따라 조금씩 발행량을 늘려나가기 마련이고
그걸 계속 남발하면 통화가치가 떨어지면서
자산가치가 오르는 거잖아.
코로나 때 당해봐서 알지?

근데 이게 금에 연동이 되면
정부에서 돈을 찍고 싶어도 함부로 찍어낼 수 없기 때문에
사람들은 내 돈이 휴지가 될 걱정을 한시름 덜고
안심하고 화폐를 사용할 수 있게 된 거지.
즉, 인플레이션 걱정을 덜어놓고 경제활동을 할 수 있는 거야.

하지만 인간사는 원래 돌고 도는 수레바퀴라서,
영국의 파운드화가 몰락했듯이 미국의 금태환 약속도
영원히 지킬 수는 없는 약속이었어.

미국 정부는 몰래 통화량을 야금야금 늘려가고 있었고
그에 따라 미국의 금 보유량은 점점 줄어들고 있었지.
그리고 그게 본격적으로 표면화된 계기가
1970년대의 베트남 전쟁이었어.
당시 베트남 전쟁을 수행하기 위해서
미국은 천문학적인 비용을 지불하고 있었고
금태환이고 뭐고 당장의 급한 불을 끄기 위해
통화를 남발하고 있었지.

이를 눈치챈 다른 나라들은 갖고 있던 달러가 휴지가 되기 전에
미국 정부에 달러를 던지고 금을 인출해 가기 시작했고
이대로라면 미국 정부는 모든 금을 뺏기고
파산할 수밖에 없는 운명이었어.

생각해 봐.
갑자기 돈에 대한 믿음이 없어져 버린다면
직장, 사업체, 은행에서 어떤 일이 일어나겠어?
수천 퍼센트의 인플레이션이 일어난
아르헨티나와 베네수엘라가 어떻게 됐지?
경제 자체가 죽어버리는 거지.
때문에 당시 미국의 대통령인 닉슨은
긴급성명을 통해 이런 말을 해.

우리는 금태환제를 포기하고 새로운 시대로
나아가겠다.

달리 말하자면

난 모르겠다,
금은 더 이상 못 주겠고 그냥 달러는 나 믿고 써.
알았지?

라는 소리를 완곡히 표현한 거지.

다른 국가들은 미국의 깡패짓에 어안이 벙벙했지만
당시 세계 최강 군대를 보유하고 전 세계를 지배하던
우리들의 일그러진 영웅 엄석대를 건드릴 순 없었기 때문에
결국 **전 세계는 금과 화폐의 연동을 버리고**
환율의 시대로 나아가게 된 거야.

뭐 여기까지 많은 사람이 알고 있는 내용이기는 한데,
모르는 친구들에게는 정말 정말 중요한 얘기야.
왜 중요하냐고?
현대사회의 사회 문제들 대부분이 다 저기서 시작했으니까.

당시 사람들은 금본위제가 폐지되면

주식시장도 무너지고, 경제도 무너지고, 나라도 무너지고

큰 혼란이 올 거라고 예상했지만

오히려 반대로 주식시장은 오르고,

자산가치들 역시 오르기 시작했지.

이건 생각해 보면 당연한 건데, **자산시장이 오른 게 아니고**

달러의 가치가 급격하게 무너지기 시작한 거야.

대부분의 세계인들은 눈치채지 못했지만

그때부터 세계는 조용히

더 큰 인플레이션의 시대로 가고 있었고,

새로운 세상이 열리고 있었어.

이 그래프를 보면 명확해지지.

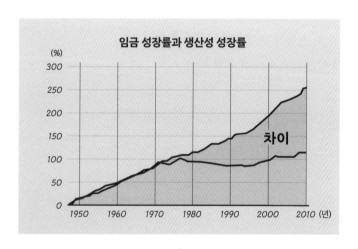

그래프에서 보듯이 전체 국가의 총소득과 생산성은
70년대 이후로도 끊임없이 증가했으나
전체 노동자들의 실질임금은 계속 정체하게 됐어.
생각해 보면 당연한 일인데,
미국 정부에서는 금본위제로 인한
통화 발행의 족쇄가 풀렸으므로
점점 통화량을 늘려가기 시작했고
그렇게 늘어난 통화량은 자산시장의 상승을 불러왔지.

반면에 급여나 연금은 그 상승 속도를 따라가지 못하므로
실물자산이 없는 개인들은
자기도 모르는 새에 점점 가난해지기 시작한 거야.
따라서 그때부터 더 많은 빚을 내고,
더 큰 사업을 벌이고, 더 일찍 자산시장에 올라탄 사람들은
시간이 지날수록 더 큰 부를 이루기 시작했고
노동이나 연금소득만으로 연명하던 사람들은
'어? 어?' 하는 사이에
점점 소득분위 아래로 추락하기 시작했지.
이제 왜 성실히 저축해도 가난해지는지 이해가 가니?

우리가 여기서 생각해야 할 건
단순히 미국이 만드는 인플레이션을 욕하고 탓할 게 아니라

우리 삶의 양극화란 시간의 흐름에 따른 자연스러운 결과이고

전 세계의 질서를 유지하기 위한

필수 불가결한 부산물이라는 걸 이해해야 한다는 거야.

우리는 탐욕스러운 정치인, 기업인, 사회, 개인을 욕하고

그들의 탐욕이 경제를 망친다고 돌을 던지지만

번지수를 잘못 짚고 있었던 거지.

원래 인간은 각자의 탐욕 위에 명분과 도덕을 덧입혔을 뿐,

세상은 탐욕으로 굴러가는 거고

그 탐욕은 반드시 인플레이션을 만들게 되지.

여기서 선악 같은 건 없어.

커다란 판 위에서 우리 모두는

누군가에겐 가해자이자 피해자인 거고,

다들 그저 경제라는 커다란 톱니바퀴의 일부일 뿐이지.

70년대 이후로 우리 세계의 규칙은

자본소득이 더 유리한 체제로 바뀌어버렸고

룰을 이해한 사람들은 더 많은 이득을,

룰을 이해하지 못한 사람들은 손해를 보게 됐어.

따라서 이런 인플레이션의 흐름을 이해해야만

사회에 넘쳐흐르는 거짓된 선동 문구에 속지 않고

진정으로 자신을 위한 경제활동을 할 수 있게 되는 거야.

사실 알고 보면 네가 취업이
될지 말지도 이미 저 멀리
바다 건너 미국 땅에서
결정되는 거고, 네가 어떤
삶을 살지, 돈을 벌지 말지,
결혼을 할지 말지도 미국
땅에서 일어난 결정의
영향을 받기 때문에 우리가
미국의 정치와 경제에
대해서 모른다면 아무것도
안 보이는 길을 걸어가는
것과 같다고 할 수 있어.

인플레이션이 불러온
사회 변화

그럼 이러한 인플레이션은
우리 삶에 어떤 영향을 끼쳤을까?
우리가 살고 있는 모든 삶, 행동 방식, 생각을
송두리째 바꿔버렸지.
우린 그게 통화량의 증가로 인한 변화라는 걸
눈치채지 못했을 뿐이야.

통화량의 증가는 자산의 양극화를 심화시켰고,
자산의 양극화는 자본주의 경제 시스템의 선순환을
점점 약화시켰어.

기업은 돈을 벌고 급여를 주고
개인은 세금을 내고 소비를 하고
정부는 세금을 받고 나라를 운영해야 하는데
점점 기업과 정부, 은행만 부자가 되어 버린 거지.

개인이 점점 가난해졌기 때문에

기업은 점점 팔 시장이 줄어들어 버리고

은행은 점점 돈을 빌려줄 대상이 줄어들어 버렸어.

자기들만 잘먹고 잘살면 뭐하니.

경제 자체가 무너져 버리면

채권이나 권리증서 같은 건 휴지 조각이 되는 거잖아.

따라서 사회는 자연스럽게

개인이 더 많은 소비를 할 수 있는 방법을 생각해 내게 됐어.

그게 뭘까? 바로 개인에게 빚을 지우는 일이었어.

우리 사회를 지배하는 정교한 마케팅 방법, 금융 기법들은 모두

개인에게 어떻게 해서든

더 많은 돈을 쥐어짜 내기 위한 기술들이야.

그때부터 우리는 자본주의의 부족한 톱니바퀴를 채우기 위해

더 많은 대출을 내서 집을 사고, 물건을 사게 됐고

어느새 그게 자연스러운 사회로 자리 잡게 된 거지.

간혹 나이 드신 분들 가운데

빚을 내는 걸 지독히 싫어하시는 분들이 있는데,

1970년도에 금태환제가 사라진 이후로

현대 사회에서 빚을 내는 건

선택이 아닌 필수로 바뀌어 버렸어.

빚을 안 내면 평범한 사람들은 도저히
인플레이션을 따라잡을 수 없기 때문에
과거의 패러다임으로 현재를 보면
당연히 이해가 안 가기 마련이지.
옛날에는 집을 사기 위해서만 쓰던 대출을
이제는 자동차나 필요하지 않은 물건들에도 쓰게 됐어.
대출의 구조는 점점 보통 사람들이
그 손해 구조를 알아볼 수 없도록 정교해졌고
발달된 마케팅 기술들은
우리에게 하등 쓸모없는 플라스틱 쪼가리나 가죽 쪼가리에
수백 수천만 원을 쓰게 만든 거야.
마치 그걸 안 사면 패배자가 된 것처럼 만들면서 말이지.

우리가 삶에서 본인이 선택했다고 생각하는 대부분의 것들,
이 차를 사면 인생이 행복해질 것 같고,
저 가방을 들면 사람들의 시선이 달라질 것 같고,
훌훌 털고 해외여행을 떠나면 자유로워질 것 같고…….
우리 정신을 움직이는 이러한 충동들은
기업의 마케팅과 그걸 만드는 누군가의 의지에 의해
결정하게 되는 경우가 대부분이지만
사람들은 그게 본인의 생각과 신념인 것처럼 떠들고 다니지.

맞아, 맞아. 이 정도는 나한테 보상해 줘도 돼.

이런 소리를 하면서 말이야.
따라서 사회는 발전하고 기술은 혁신이 일어났지만
이상하게도 사는 건 더 팍팍해진
현재의 사회가 만들어지게 된 거야.

한편으로 이러한 화폐 인플레이션은
노동 구조에도 역시 영향을 끼쳤는데,
개인의 대출만으로는
기업과 은행의 경제 시스템을 굴리기 힘들어지자
기업가들의 눈에 가정에 잠자고 있는
여분의 노동력들이 들어오기 시작한 거야.
바로 가정주부들이지.

생각해 봐.
이 노동력들이 사회로 나오기 시작하면?
더 많은 물건, 더 많은 세금, 더 많은 대출,
그리고 더 저렴한 인건비!
다시 은행, 기업, 정부 행복하게 굴러갈 수 있는 거야.

그래서 여성들을 사회로 끌어낼 요소인

신여성주의와 결합하여 여성들을 일터로 끌어왔고
남성들의 부족해진 경제력은
혼자 가정을 부양하기 어렵게 만들었으므로
여성들을 더욱 일터로 내몰았어.
또 기술의 발전으로 세탁기, 청소기가 만들어지고
집안일로부터 일정 부분 자유로워짐으로써
더 많은 여성들을 일터로 끌어올 수 있는 요인을 만들어온 거야.

이건 뭐가 먼저고 나중이고를 찾을 수 없을 만큼
동시다발적으로, 연쇄적으로 일어난 사회현상인 거지.
말로는 신여성, 일하는 여성이라며
긍정적이고 진취적인 가치를 부여하지만
결국 내면을 들여다보면 기업과 은행의 부족한 매출과 대출을
채우기 위한 커다란 흐름의 일부라고 할 수 있어.
그리고 그런 여성들은 남성들과 일자리를 경쟁하면서
평균임금을 깎아먹는 역할을 하기 시작했지.
여성의 사회 진출이 활발했던 70년대 미국에서
노동자들의 소득이 정체된 이유 중 하나야.
옛날엔 남자 혼자 부양 가능할 소득을 둘이 나눠먹는 거지.
그리고 그때부터 정치권에 여성주의자들이
대규모로 유입되기 시작하면서
기업, 은행, 정부와의 공생관계를 이어나가게 된 거야.

대표적으로 1970년대에 미국에서 발의된
'신용기회평등법'이라는 게 있어.
1970년대는 오일쇼크로 모든 경제주체가 힘든 시기였지.
이때 여성주의자들의 주제로 발의된 게
신용기회평등법이라는 제도인데
누구나 대출을 받을 때 인종이나 국적, 성별 등의 이유로
차별받으면 안 된다는 법이었어.
요새 말 나오는 차별금지법이랑 비슷하지.

이렇게 정의로운 단어들로 채워놓으면 누가 함부로 반대하겠어.
목적이 이렇게나 정의로운데.
이 법의 취지는 결국 주택 대출을 받을 때
부부 양쪽의 소득을 합산해서 계산하겠다는 거였지.
더 쉽게 말해서 앞으론 부부가 같이 소득을 내야만
인플레이션을 막아낼 수 있는 더 좋은 집에
먼저 엉덩이를 깔 권한을 주겠다는 거야.
그럼 어떡해?
같이 일해야지, 뭐.

그렇게 은행은 더 많은 대출을 낼 수 있게 됐고
기업은 더 싼 노동력을 구할 수 있게 됐고
정부는 경제 시스템을 다시 한번 굴릴 수 있었고

출산율은 더 떨어지게 되었으며
아이들은 엄마 없이 자라는 데 익숙해지게 된 거지.
그리고 여성들은 진정한 자아실현을 이룰 수 있었던 거야.
모두가 만족하는 결과가 이루어진 거지. 그치?

어쨌든 정리해 보자면 신용화폐의 팽창으로 인한 양극화는
우리 사회를
임금이 정체된 사회,
결혼하기 어려운 사회,
여자도 일해야 하는 사회,
집을 사기 어려운 사회로
점점 바꿔갔다는 거야.

그리고 이러한 흐름은 통화량이 지속적으로 팽창하는 한
다시 거꾸로 갈 가능성이 희박해.
현대인의 고통은 단순히 우리가 살면서 내린 결정에 의해서만
영향을 받는 게 아니라 경제의 움직임에 따라
수십 년 전부터 이미 예견된 운명이었던 거지.

금본위제 폐지
이후의 세계

그럼 금본위제 폐지 이후 미국은 어떻게 됐을까?

당연히 사람들은 더 이상 달러에

예전 같은 신뢰를 보내지 않게 됐지.

그런 상태에서 무작정 돈을 찍어내다 보면

결국 영국처럼 화폐의 신뢰를 잃고 추락할 수밖에 없으므로

미국은 경제 시스템과 기축통화의 자리를 유지하기 위해

결단을 내려야 했어.

사람이든 국가든 생존 앞에서는 무슨 일이든 저지를 수 있거든.

미국은 잃어가는 달러의 신뢰를 복구하기 위해

대부분의 무역 결제를 달러로만 진행하도록

여기저기 참견을 하기 시작했고

그게 우리가 아는 세계의 경찰 미국,

우리가 70년대부터 지금까지 무의식 중에 따르고 있던

전 세계의 국제 질서인 거야.

정리하자면 이 정도라고 할 수 있겠지.

1. 앞으로 국제 결제는 달러로 한다.

2. 각 국가들은 나쁜 짓 하지 않는다(미국한테 반항하지 않는다).

3. 서로 싸우지 않고 협력하며 지구촌 번영의 길을 가지만 룰은 미국이 정한다.

그리고 특히 달러가 기축통화 자리를 공고히 할 수 있도록
도움을 준 게 미국의 최우방인 사우디아라비아라고 할 수 있어.
미국은 석유를 오로지 달러로만 구매할 수 있도록 만들면서
금본위제 폐지 이후에도 전 세계의 패권을 잡았는데
이는 우리 삶의 공산품, 식량, 안보 등
우리가 먹고 싸고 숨 쉬는 모든 것에
석유 에너지가 필요하지 않은 것이 하나도 없었기 때문이야.

잘 안 와닿는다고?
간단히 말해서 석유 에너지가 없다면
네가 평범하다고 생각하며 누리는 삶들을 살 수 없어.
수도를 틀면 물이 나오고
어두우면 불을 켤 수 있고
심심하면 맛집 탐방도 다닐 수 있고

방에 앉아 편하게 쿠팡으로 물건을 당일배송하는 것들을

할 수 없게 된다는 거야.

100년 전 조선으로 돌아가는 거지.

기축통화 유지를 위해

미국이 석유 에너지 가격을 통제해 주었기에

우리나라도 싼 값에 석유 에너지를 누릴 수 있게 된 거니까

우리 역시 그 수혜를 누리고 살아온 거거든.

어쨌든 다시 본론으로 돌아가서

미국은 석유의 공급을 원활하게 하기 위해서

중동에서 가장 큰 국가인 사우디를 밀어주고

최신식 무기들을 지원하기 시작했고,

사우디는 그 덕분에 경쟁자인 이란을 제치고

중동 최강국의 입지를 다질 수 있었지.

중동이 항상 전쟁이 일어나는 화약고로

남을 수밖에 없는 이유는

중동의 평화란 곧 중동의 결집을 의미하고

이는 미국의 석유 패권과 기축통화 자리를 위협하는,

나라의 존망과 연결되어 있기 때문이야.

본디 남의 것을 뺏으려면

상대방이 어렵고 힘들어야 싸게 가져올 수 있는 거지,

배부르고 등 따시면 뺏기가 쉽지 않잖아?

마치 좋아하는 여자애가

은근히 힘든 상황에 빠지길 기대하는 음습한 마음 같은 거지.

따라서 세계의 패권은 기축통화로 연결되고

기축통화의 패권은 에너지와 연관되어 있기 때문에

그에 관련되어서는 어떠한 대가라도 치를 나라가

미국이라는 거야.

2000년대 초에 미국이 화학 무기를 명분으로

이라크를 침공한 것도

사실 이라크에서 원유를 유로화로 받으려 했기 때문이란 건

공공연한 비밀이야.

냉전 당시 소련과 미국의 경쟁도

에너지 패권 싸움의 연장선이라고 할 수 있고

결국 소련이 패망하고 갈가리 찢어지면서

전 세계는 러시아의 자원과 에너지를

싼 가격에 누릴 수 있게 된 거고.

유럽은 최근까지도 러시아의 천연가스를

말도 안 되는 저렴한 가격으로 이용하고 있었고

그 덕분에 최근까지도 강한 산업경쟁력으로 부를 누렸잖아?

하지만 러시아의 경제력이 커지고 힘이 강해질수록

미국과 유럽의 반사이익은 줄어들 수밖에 없는 구조인 거지.

그게 러시아와 우크라이나 전쟁의 큰 이유 중 하나이기도 해.

모든 정치와 사회현상은 경제,

즉 돈과 분리해서는 이해할 수가 없는 거야.

우리는 전쟁에서 직접 사람을 죽고 죽이는 것만을

큰 악으로 규정하지만,

현대사회의 경제 전쟁에서 패배한 국가에겐

전쟁보다도 더 큰 죽음과 빈곤이 기다리고 있어.

미국과의 경제 전쟁에서 패한 남미 국가들은

대부분 마약과 빈곤의 늪에서 벗어나지 못하고

범죄와 매춘의 위협 앞에 놓여 있고,

중국과의 경제 전쟁에서 패배한 동남아 국가들 역시 마찬가지지.

전쟁은 명확한 원망의 대상이라도 있지만

후자의 경우는 원망의 대상도 찾지 못하고

무엇이 본인들의 운명을 결정지었는지도 모르게 되는 거야.

어쨌든 전 세계 국가들은 미국이 정한 게임판 위에서

미국은 달러를 수출하고

다른 나라들은 본인들의 자원을 헐값에 넘기는,

그들의 표현에 따르면

'규칙에 기반한 세계질서'가 만들어지게 된 거지.

규칙에 기반한 세계질서,
기축통화국으로서의 숙명

미국은 어째서 세계가 질서정연하게 유지되길 원했을까?

그걸 알기 위해선 기축통화 시스템에 대해 이해할 필요가 있어.

미국은 끊임없이 달러를 찍어내는 나라지.

모든 나라의 정치인들은 항상 돈을 찍어내고 싶어 해.

사람들이 뭘 해주겠다는 사람한테 표를 주지,

허리띠 졸라매겠다는 사람한테 표를 주진 않잖아.

금본위제 폐지 이후 고삐가 풀려버린 미국 정부는

더욱더 심한 인플레이션의 늪에 빠지게 돼.

돈을 찍어낸다는 건

화폐의 가치와 신뢰도가 점점 떨어진다는 걸 의미하고

신뢰가 떨어진 화폐는 수명을 다하게 되므로

미국은 달러의 수명을 연장하기 위해

달러를 담을 그릇을 지속적으로 늘릴 수밖에 없는 운명이야.

그릇을 늘린다는 건 쉽게 말해서

쓰는 사람이 많아지고, 쓰는 양이 많아지면 되는 거야.

쓰는 사람이 많아지려면 어떻게 해야 할까?

앞으로 석유거래는 달러로. 식량도 달러로. 금도 달러로.

일단 강제로 달러로 거래하게 만들어놓으면

금본위제가 없어도 미국에서 계속 돈을 찍어낼 수 있는 거지.

미국이 세계 곳곳에 군대를 보내놓고

세계의 경찰을 자처한 이유는 결국

기축통화의 생명과 연관이 있기 때문이야.

달러 말고 다른 걸 쓰는 놈들을 감시해야 하니까.

그렇게 돈으로, 달러로 경기를 부양하는 시스템 속에서

자신도 모르게 미국에는

기축통화국으로서의 숙명이 생겨버린 거야.

바로 휴지와 경쟁하는 시스템이지.

1. 찍어내는 돈보다 미국 경제가 더 성장한다.

2. 달러 쓰는 나라들을 더 만들거나 성장시킨다.

게임에서 지면 어라? 달러가 휴지로 바뀌어버리는 거야.

금본위제가 아니라 휴지본위제 국가가 되어버리는 거지.

즉 자기 경제 규모가 커져서 늘어난 달러를 소화시키거나

다른 나라에 달러를 더 쓰게 만들어서

시장에 달러가 안 돌아다니게 만드는 거지. 이해되니?

왜 미국 주식은 항상 지속적으로 오를까?

달러를 최대한 많이 담고 있어야 하니까 그렇지.

그거 시장에 다 풀려서 돌아다니면 물가가 얼마나 오르겠니.

초창기엔 어느 정도 경제 시스템이 돌아갈 수가 있었지.

1970~1980년대만 해도 미국이 제조업 강국이었고

충분히 본인들의 경제 규모를 키우면서

(즉, 달러를 찍어내는 게 아니라

스스로 가치 있는 물건들을 만들어내면서)

달러 생산량을 억제할 수 있었지만,

원래 경제 규모가 커지면 국민들이 배가 부르게 되는 법.

주식에 돈 넣으면 돈이 복사가 되는데

공장 가서 너트 조이고 조립하고 이런 걸 왜 하겠어.

자꾸 제조업이 쇠락하는 거지.

그러다 보니 나라에서 진짜 가치 있는 물건을 생산하지 못하고

점점 금융으로 돈 장난하는 나라,

순소비국으로 체질이 점점 바뀌어가고 있었지.

미국의 별명 있잖아, 세계경제의 무임승차국.

생산은 별로 안 하면서 쓰기만 하는 국가.

금융이라는 게 어렵고 복잡해 보이지만

실상은 산업의 유통구조에서

중간 마진 빼먹는 것에 불과하기 때문에
사실상 열심히 일해서 물건을 만들어내는
실 제조국의 이익을 야금야금 빼앗아 먹고 있다고 할 수 있지.

그럼 본인이 성장을 못하면?
달러를 써줄 다른 나라라도 성장시켜야 되는 거야.

미국에겐 같이 성장하며
본인들 빚을 받아줄 씨받이 같은 나라가 필요해진 거지.
처음엔 유럽이 미국의 국채(빚)를 소화해 줬어.
유럽이 쇠퇴하고 나서는
일본이 미국의 국채를 받아주기 시작했고,
일본도 힘이 빠질 즈음엔 중국이 그 역할을 해준 거야.
전 세계 국채 보유량 1, 2, 3등이 일본, 중국, 영국이잖아?
다 미국의 빚을 받아주면서 미국이 키워준 나라들이지.
그 나라들 경제가 커지면 달러 흡수량도 늘어나니
미국은 더 많은 돈을 찍어낼 수 있게 된 거고.

근데 결국 이렇게 돈만 찍어내다 보니
국민들은 점점 나태해지고 얘도 금융업, 쟤도 금융업,
나머지는 다 식당 종업원, 캐셔…….
양극화만 벌어지고 경직된 사회로 바뀌어버린 거야.

우리나라도 비슷한 경험을 하는 중이잖아?

미국은 몇십 년 전에 이미 겪은 일들인 거지.

그럼 부채는 커지고

정치인들이야 지출 줄일 리는 없고, 복지는 점점 많아지고…….

생산성이 바닥인 거야.

거기다 중국이 덩치가 커지면서

더 이상 옛날처럼 고분고분하지도 않고,

세계 성장률은 떨어지는데 더 발전시킬 나라도 점점 없어지지.

왜 미국이 질서와 세계화를 강조하는지 이해가 됐지?

미국은 전 세계를 발전시킴으로써 세계의 달러 사용량을 늘리고

철저한 분업화로 전 세계 시장의 팽창을 유도한 거지.

즉 달러를 담을 그릇을 늘려나간 거야.

그걸 미국이 유도했든, 유도하지 않았든 간에

미국의 이러한 기축통화 시스템이 결국

세계경제의 엄청난 팽창, 기술의 비정상적인 발전,

인구의 증가, 전 세계적 가난의 감소 등을 불러왔지만

그 부산물로 나라 간의 빈부격차와 개인 간의 빈부격차,

즉 인플레이션을 전 세계로 수출하고 있었던 거지.

사실 이걸 좋다 나쁘다 말하기는 어려워.

분명 전 세계 사람들의 삶은 편리해졌지만

이상하게도 마음은 더 가난해졌거든.

어쨌든 이런 경제적 원리를 생각해 보면

우리가 절대 악이라고 생각하는 양극화는

단지 우리나라 안에서 시스템을 고치거나

우리의 노력만으로 고칠 수 있는 부분이 아니고

미국이 주도하는 국제질서하에서 어쩔 수 없이 발생한

부산물 같은 거라고 할 수 있어.

사회운동하는 친구들은

국내에서 빈부격차 잡겠다고 시위할 게 아니고

달러 갖고 장난질 치고 있는

연준의장 집 앞에서 시위를 해야 했던 거지.

어쨌든 미국이 만들어준 이러한 인플레이션 세상 덕분에

우리나라에서 만든 「기생충」과 「오징어 게임」이

전 세계적으로 히트칠 수 있는 밑거름이 된 거야.

가난과 양극화라는 주제는 전 세계의 공통 관심사니까.

우리가 절대 악이라고 생각하는 양극화는
단지 우리나라 안에서 시스템을 고치거나
우리의 노력만으로 고칠 수 있는 부분이 아니고
미국이 주도하는 국제질서하에서
어쩔 수 없이 발생한
부산물 같은 거라고 할 수 있어.

우리나라가
발전한 이유

잘 모르는 사람들이 많지만

대한민국은 국제 질서의 수혜를 가장 많이 받은 나라 중 하나야.

한번 생각해 보자고.

어째서 가난한 나라 사람들이 한 달에 20만 원, 30만 원을 벌 때,

우리는 편의점 아르바이트만 해도 200만 원을 벌 수 있을까.

어째서 가난한 나라 사람들이 저가 휴대폰을 들고 다닐 때

우리는 아이폰, 갤럭시를 2년마다 버리고

새것으로 바꿀 수 있을까.

어째서 가난한 나라 사람들이 먹고살기 위해

관광객들의 발을 마사지할 때,

우리는 여름휴가를 즐기며 비싼 호텔에 묵을 수 있을까.

사실 너무나 불합리하고 사회 정의에 맞지 않지만

그건 모두 우리나라가 다른 나라엔 없는

세계적인 기업을 갖고 있고

남들보다 잘사는 부자 나라이기 때문이지.

세상에 우리보다 인구도 많고, 자원도 많고, 영토도 넓은

나라가 널리고 널렸는데

그중에 별 볼 일 없는 우리나라가 나름 선진국의 말석에

비집고 들어간 건 기적 같은 일이라고 할 수 있을 거야.

그리고 그런 기적은

미국이 만들어놓은 게임판 위에서가 아니었다면 불가능했겠지.

미국이 정한 국제 질서는 전 세계의 분업화를 만들어냈고

그렇게 만들어진 분업화는 자원 하나 없는 우리나라에

커다란 축복으로 작용하게 됐어.

본디 나라가 커지려면 경제 규모가 커져야 하고

경제 규모가 커지려면 나라 안의 자원을 가져다 팔거나

아니면 전쟁으로 남의 것을 뺏어와야 하는데

전쟁은 당연히 할 수 없는 옵션이니

나라의 자원을 팔아 부를 늘리는 게

우리나라의 유일한 길이었지.

근데 우리나라는 팔만한 천연자원이라곤 딱히 없는 나라라

결국 천연자원을 수입해 가공하고 파는

무역업으로 성장할 수밖에 없는 나라였어.

만약 세계가 어지럽고 혼란스러웠다면

각 나라들이 천연자원을 무기화하고

비싼 값에 팔려고 했을 텐데

다행히도 우리나라는 안정된 시장에서 미국이 정한 룰에 따라

천연자원을 값싸게 구할 수 있었고

중간에서 무역업을 하는 우리나라 입장에서는

최고의 환경이었던 거야.

미국이 깡패짓한다고 욕하는 친구들도

사실은 미국의 수혜를 입으며 살고 있었던 거지.

싼 천연자원

안정된 치안(미국)

전 세계로 개방된 시장

다시 말해, 그냥 열심히 일하고 기업을 키우기만 하면

얼마든지 경제를 키워나갈 환경이 조성되어 있었던 거지.

물론 말이 그렇다는 거야. 그게 절대 쉬운 일은 아니지.

그리고 미국은 너무 앞서 나가거나, 커질 가능성이 있는 국가는

항상 뿌리를 뽑고 적당히 밟아놓곤 하는데

우리나라의 빈약한 천연자원, 애매한 인구, 얼마 안 되는 땅덩이는

오히려 미국이 정한 규칙 속에서는 장점으로 작용했어.

뺏길 만한 천연자원이 없으니 착취당할 염려도 적고

인구가 적고 땅덩이도 작으니 커져봤자 고만고만,

미국의 경쟁국이 아닌 우방국으로 남아

수혜를 볼 수 있었던 거지.

그 덕에 불과 70년대만 해도 바나나 하나만 먹어도

학교 가서 친구들에서 자랑하던 나라에서

지금은 랍스터도 먹다 남으면

쓰레기통에 버리는 나라가 되어버린 거야.

물론 우리나라 지도자들과 국민들의 노력도

굉장히 큰 요소긴 하지만

이런 외적 요소와 맞물리지 않았다면

기적은 일어날 수 없었을 거야.

또한 70년대에 제조업으로 조금씩 성장하던 우리나라는

항상 일본이라는 경쟁자에 가려 애매한 위치를 잡고 있었지만

일본이 경제 규모가 커지고

미국의 GDP를 거의 따라잡을 상황에 놓이자

미국이 일본을 거꾸러뜨리고 일본의 반도체 산업을 박살내면서

우리나라는 미국이라는 큰 형님 뒤에서 큰 기회를 잡게 된 거지.

일본이 6·25전쟁으로 이득을 본 것처럼

우리나라 역시 일본의 몰락에서 수혜를 보게 된 거야.

일본에 집중되어 있던 반도체 산업을

우리나라가 주도할 수 있게 됐고,

익히 알고 있는 삼성과 LG의 약진도

이러한 국제적 흐름이 없었다면 꿈도 꿀 수 없는 일이었지.

어쨌든 이러나저러나, 세계화가 진행되는 동안

우리나라는 미국이라는 거대한 국가의 뒤에서

분명 커다란 수혜를 봤기 때문에

세계화의 어두운 면에 대해서

마냥 욕을 하고 비판하기보다는

그 양면성의 좋은 면만 바라보는 게 더 낫지 않을까 싶어.

2008년 금융위기의
원인과 결과

미국이 이끈 세계의 질서는 영원할 것 같았지만
언젠가는 멈출 수밖에 없는 운명이었어.
사람이 나이를 먹으면서 늙어가는 것처럼
미국의 산업경쟁력도 점점 줄어들게 된 반면에
지출과 부채는 계속해서 늘어나기만 했거든.

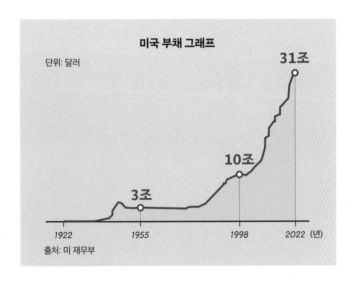

그래프에 보이는 것처럼 미국의 부채는
70년대를 변곡점으로 기하급수적으로 증가하기 시작했고
현재 약 4경 원 이상으로,
한 해 이자만 1000조 원 이상을 지출하고 있어.
한번 늘어난 지출은 개인이든 나라든 줄이는 게 쉽지 않잖아.
외제 차 타고 다니다 국산 차 타는 게 쉽겠니?

따라서 미국은 늘어난 지출을 메꾸기 위해
앞서 말한 대로 시장을 키워서 달러의 그릇을 늘리는 한편
다른 편에서는 전 세계를 상대로 금융을 이용한
여러 가지 장난질을 쳐 왔는데,
이게 흔히 음모론적인 얘기로 '양털 깎이'라고 해.

생각보다 간단한 원리야.
미국이 달러를 마음껏 찍어내려면
앞서 얘기했듯이 달러를 쓰는 나라가 많아지거나
혹은 달러 자체가 귀해져야 하지.
달러를 쓰는 나라가 많아지게 하려면
국제 거래를 달러로 쓰게 만들고
각 나라에 강제로 금융시장을 개방해
달러 자본이 침투하게 만들어야 해.

그럼 달러 자체가 귀해지는 방법은 뭘까?

일반적으론 수요공급 법칙에 따라 달러 자체를 줄이면 되지만,

그럼 국가 운영이 불가능하잖아?

그러면 거꾸로 생각해서, **달러 자체를 귀하게 만들지 못할 거면
달러 말고 다른 것들을 다 똥값을 만들어놓으면 되는 거지.**

내가 부자가 되지 않더라도, 남들이 더 가난해지면 되는 거야.

그래서 미국에서 지난 몇십 년간 주로 행했던 방법이

바로 급격한 금리 조절을 통한 인플레이션의 수출이야.

그리고 그로 인해 주변국들에선 경제위기가 발생했지.

미국에서 금리를 내리면 어떻게 될까?

그냥 쉽게 말해서 돈 가치가 떨어진다고 생각하면 돼.

그리고 '금리 = 그 나라에 돈을 맡겼을 때 수익률'이기 때문에

미국에서 금리를 내리면 미국 자산에 대한 수익률이 낮아지므로

보통 미국 안의 자금이 다른 국가들로 빠져나가는 현상이 생겨.

반대로 금리를 올리면 돈 가치가 올라가면서

시장에 돈이 줄어들게 되지.

따라서 미국에서 급격하게 금리를 인하하면

미국 내에만 달러가 풀리는 게 아니고

전 세계적으로 달러가 증가하면서

세계적인 인플레이션을 만들게 돼.

코로나 때 일어났던 일처럼 말이야.

전 세계적으로 달러가 증가하면

당연히 달러와 환율을 맞춰가야 하는 다른 나라들도

통화량이 자연스럽게 증가하게 되므로

자산시장에 돈이 몰리면서 거품이 끼기 시작하지.

그렇게 증가한 거품은 사람들의 노동 의욕을 저하시키고

투기성 자산에 투자를 하게 만들어.

평범했던 직장동료 김 대리가 갑자기 스윽 다가와서

테슬란가 뭔가 투자했더니

한 달 만에 돈이 두 배가 됐다고 이죽거리는 거지.

그럼 투자에 'ㅌ'자도 모르던 너도 슬금슬금

주식도 하고, 코인도 하고, 그러다 대출 내서 집어넣고…….

동네 카페 가면 옆 테이블도 주식 얘기,

앞 테이블도 주식 얘기, 코인 얘기, 부동산 얘기…….

아마 다들 경험해 봐서 잘 알고 있을 거야.

그렇게 투자의 광풍이 절정에 달할 때쯤

돌연 미국에서 금리를 급격히 올리면 무슨 일이 생길까?

미국이 금리를 인상하면 어쩔 수 없이

주변국도 미국을 따라 금리를 인상할 수밖에 없어.

왜냐하면 미국의 금리 인상으로

미국에 투자할 때의 수익률이 올라가 버리면

다른 나라의 자금들이 빠져나가 미국을 향해 가기 때문이야.

간단한 예를 들어 우리나라도 금리가 3%, 미국도 3%라면

투자자 입장에서는 신용도가 더 높고 안전한

미국에 돈을 맡기고 싶기 마련이지.

따라서 국내의 자금이 빠져나가는 걸 막기 위해선

보통 미국과 보조를 맞춰 같이 금리를 올려야 하고

그걸 따라가지 못하면

그 나라의 투자자본이 급속도로 빠져나가면서

금융위기에 빠지게 되지.

그러면 우리나라 과거 IMF 사태처럼

달러가 모자라서 흑자도산에 빠지기도 하고,

경제 시스템이 망가지면서 자산시장 자체가 붕괴되기도 해.

그럴 때 미국은 오히려 금리를 올리면서도 호황을 누릴 수 있어.

전 세계적인 경제적 어려움이 있을 때 오히려

안전자산인 달러 자산에 대한 수요가 증가하므로

돈이 미국으로 몰리면서 나홀로 호황을 누릴 수 있었던 거지.

그렇게 금리 인상을 감당하지 못한 국가가 망하려고 하면

미국의 금융자본들이 그 나라에 침투해

그 나라의 자산들을 헐값에 사들이기도 하고

달러가 부족한 나라에는 IMF라는 고리대금업자를 보내
비싼 값에 돈을 빌려주고 돈놀이를 하기도 하는 거야.
그리고 주변 나라들 역시
망한 국가를 뜯어먹으며 살아가는 거지.

사냥이 끝나고 미국이라는 사자가 큰 고기를 뜯어먹고 나면
하이에나 같은 주변 나라들이 남은 고기를
게걸스럽게 뜯어먹는 것과 같다고 할 수 있어.
바로 이게 여태 수십 년간 경제의 10년 주기설,
미국의 금리를 따라 나라들이 흥하고 망했던 원리야.

하지만 영원할 것만 같던 이런 미국의 위상은
2008년에 금융위기가 터지면서 점점 금이 가기 시작해.
미국의 지나친 금융일방주의는 도덕적 해이를 불러왔고
미국은 더 많은 빚을 내고, 한편으로 돈을 빌려주게 됐지.
10억 달러를 빌려주면
그 채권을 쪼개서 다시 팔아 돈을 회수하고,
또다시 돈을 빌려주고, 다시 팔고…….
실 자산은 10억 달러인데, 그걸 근거로 수십 배의 돈이
시중에 돌아다니면서 거미줄처럼 엮이기 시작한 거야.

결국엔 돈을 갚을 가능성이 낮은

저신용자들한테도 돈을 빌려주기 시작했다가
돈을 갚지 못하는 사람들이 많아졌고
결국엔 빚들이 연쇄적으로 폭발하기 시작하면서
전 세계적인 금융위기가 시작된 거지.

결국 금융위기의 본질은 너무 과열된 금융 시스템에
일어날 수밖에 없는 필연적인 위기였고
이것저것 복잡한 원인을 얘기하지만
결국은 빚을 너무 많이 졌기 때문에 생긴 문제였어.

미국은 이 위기를 어떤 방법으로 막아냈을까?
돈으로 생긴 위기는, 오직 돈으로만 막을 수 있는 법이지.
그때부터 시작된 무제한 양적완화, 쉽게 말해 달러 찍어내기는
전 세계로 더 높은 인플레이션을 수출하기 시작했고
안 그래도 빨랐던 인플레이션은
그때를 기점으로 폭발적으로 증가하기 시작해.
겉으로 보면 문제가 스무스하게 넘어간 것처럼 보였지만
사실은 문제를 숨기고 뒤로 던져버렸을 뿐인 거지.
그리고 그런 미국의 양적완화는
당연하게도 달러에 대한 신뢰도를 떨어뜨리기 시작했고
자산시장이 양극화되고 미국의 대안 세력들이 등장하면서,
비트코인이 등장하게 됐지.

비트코인의
등장

비트코인은 사토시 나카모토라는 가명을 쓰는

프로그래머에 의해 2008년 처음으로 세상에 등장했어.

이때 사토시가 내건 기치는 탈중앙화였어.

앞서 말한 대로 우리는 어쩔 수 없이 중앙정부,

특히 미국의 금융정책에 따라

이리저리 휩쓸리는 삶을 살고 있어.

아무리 힘이 세고 자산이 많은 개인이라도

정부의 통화정책이라는 틀에서 벗어날 순 없거든.

이때 비트코인은 중앙정부의 입김에서 벗어난

개인 간의 통화 거래를 통해 정부의 감시를 벗어나고

통화 권력을 개인에게 옮겨올 수 있게 해주는 거지.

물론 이건 표면적으로 내세운 명분이었고

비트코인의 탄생에는 여러 가지 뒷말들이 있는데

그중 하나가 사실 개인이 아니라,

미국의 이익을 위해 만들어졌다는 거야.

2008년은 미국의 금융위기로

달러에 대한 신뢰가 무너져가는 시기였고

이때 무너져가는 달러의 위상을 보호하기 위해

의도적으로 만들어진 화폐라는 얘기가 있어.

미국의 기축통화 지위가 흔들린 이유는

지나친 통화 남발로 인한 가치 하락에 있으므로

새로운 가치 저장 수단이 만들어지면

시중에 돌아다니는 통화량이 줄어들 거 아냐?

때문에 비트코인이라는 새로운 자산시장이 형성되면

그쪽으로 달러가 흡수되면서

달러화의 가치를 지켜낼 수 있게 되는 거지.

그리고 다른 한편으로는 중국이라는 커다란 경쟁자에 대한

공격수단이 되기도 했지.

전 세계에서 가장 비트코인을 많이 채굴한 나라가 중국인 건

중국의 폐쇄적인 금융시장이 그 이유이기도 하거든.

생각해 봐.

네가 중국에서 수천억 자산가라고 해도,

너의 자산은 중국 정부의 결정에 따라

얼마든지 몰수당할 수 있잖아?

그렇다고 자산을 국외로 옮기기도 어려운 이유가

중국에선 함부로 외화로 바꿔서 자산을 유출하는 걸

법으로 막고 있거든.

금이나 은 같은 현물로 바꿔서 탈출하려고 해도

무게와 부피 때문에 쉬운 일이 아니지.

근데 비트코인, 가상화폐는 이 모든 걸 해결해 주는 열쇠가 돼.

이미 사람들 사이에 가치가 있다는 인식이 박혔기 때문에

가치가 쉽사리 손상되지도 않을 거고

부피나 무게 없이 USB 하나로 옮길 수 있기 때문에

중국 자산가들 사이에서

자산을 저장하기 굉장히 유용한 수단이 된 거지.

따라서 중국인들의 자산은 조금씩 비트코인으로 디지털화되어

야금야금 국외로 빠져나가고 중국 안에는 빚만 남게 돼.

그렇게 국외로 빠져나간 자산은

거래가 자유롭고 개인의 재산을 존중하고 인정해 주는 국가,

즉 미국 같은 나라로 흡수되는 거야.

그게 중국 정부에서 비트코인을 금지한 이유이기도 해.

실제로 의도를 갖고 만들어진 건지는 알 수 없지만,

결과만 놓고 보면 비트코인은 분명

미국의 이익에 부합되는 역할을 했다고 할 수 있을 거야.

현재 미국과 중국, 그리고 세계 여러 나라들에서

전자화폐, 즉 디지털 달러나 디지털 위안화가

추진되는 이유도 여기에 있어.

디지털 통화가 되면 정부에서

개인의 모든 통화 흐름을 감시할 수 있게 되고,

자국 자산의 디지털 유출도 막을 수 있지.

그렇다면 비트코인의 운명은 어떻게 될까?

아무리 정부에서 가상화폐를 제재한다고 한들

개인 간에 이미 가치가 형성되어 버린다면

그건 실제로 가치가 있는 물건이 된 거지.

네덜란드의 튤립 버블과 비교하는 사람들도 있는데

튤립 버블은 사람들이 튤립이 가치가 없다고 느끼는 순간

실제로 가치가 없어져 버렸기 때문에

그것과는 조금 다르다고 할 수 있어.

비트코인은 자산의 저장과 이동, 그리고 여러 불법 거래들에서

실제로 유용성을 입증하고 있기 때문에

블록체인이라는 기술 자체가 해킹당하지 않는 한

가치가 완전히 없어지긴 어려울 거야.

따라서 비트코인의 운명을 예측하려면

미국과 중국의 역학 관계, 달러의 기축통화로서의 변화,

디지털 통화에 대한 정책 등을 계속 지켜봐야 할 거야.

코로나와
우리 삶의 변화

최근에 우리의 삶을 가장 크게 변화시킨 건

아마 코로나일 거야. 대부분 동의하겠지.

코로나가 어디서 와서

얼마나 우리 삶을 힘들게 했는지는 일단 제쳐두고

코로나와 함께 발생한 경제의 변화,

돈의 흐름, 정치의 변화를 집중해서 보면

코로나 이후에 일어난 사회 현상들이 어느 정도 이해가 될 거야.

코로나가 끼친 가장 큰 영향은
무엇보다도 탈세계화라고 할 수 있어.

금융위기 이후로 조금씩 달러의 힘이 약해지기는 했지만,

세계는 여전히 미국 중심의 정해진 질서하에서 움직이고 있었지.

그런데 코로나가 터지면서

일부 국가의 공장, 생산시설이 멈추게 되고, 이게 결국

전 세계의 정밀한 분업 활동을 모두 멈추게 만든 거야.

중국에서 공장이 멈추니, 미국에서도 멈추게 됐지.

자본주의 시스템은 달리는 열차와 같아서
한순간이라도 멈추면 생명이 꺼지게 되어 있어.
우리가 항상 산소를 마셔야 하고
항상 뇌에 피가 공급되어야 하는 것처럼
자본주의 역시 돈의 흐름이 막히는 순간 죽게 되는 거지.

그리고 이를 해결하기 위한 미국의 움직임이
우리 삶을 송두리째 변화시켰는데,
미국의 행동을 살펴볼 때
단순히 코로나로 인한 문제 해결에 초점을 맞추기보다는
미국이 절실히 원하는 것들, 바로 기축통화의 유지,
그리고 라이벌 중국과의 싸움이라는 관점에서 보는 게
좀 더 이해하기 쉬울 거야.

미국은 일시적으로 멈춘 자본주의라는 열차를
억지로 달리게 하기 위해서
금리를 내리면서 천문학적인 돈을 풀게 돼.
이 돈이 얼마나 큰돈이었냐면, 겨우 1~2년 동안
여태까지 달러가 발행되고 풀린 만큼의 돈을 더 풀게 된 거지.

이렇게 풀린 엄청난 돈은 당연히 자산시장으로 들어갔고
순식간에 주식, 부동산, 현물 자산을 몇 배로 오르게 만들었어.

물론 표면적인 이유는 멈춰버린 시장에
인공호흡기를 단다는 명분이었지만
그것만으로 설명하기에는 지나치게 많은 돈이었지.

2020년 급격한 금리 인하 이후에
2022년의 급격한 금리 인상을 생각해 보면
단순한 경제적 문제의 해결을 넘어
중국과의 경제 전쟁을 염두에 둔
대중국 정책의 일환이라고 볼 수도 있을 거야.

급격하게 풀린 돈은 위안화로 바뀌어서
중국으로 흘러 들어가게 되거든.
중국은 개인이 달러를 소유할 수 없어서
모두 위안화로 바꿔야 하기에
자연스럽게 시장에 위안화가 늘어나게 되고
그건 중국의 가장 큰 뇌관인 부동산을 건드리게 되지.
현재 헝다, 비구이위안으로 대표되는 중국의 부동산 문제도
미국의 급격한 돈 풀기, 금리 인하와
그 후의 급격한 금리 인상이 큰 영향을 끼쳤어.

그와 동시에 미국은 산업 공급망을 재편한다는 명목으로
적대 세력들, 중국, 신흥국의 공장들을

대부분 자국과 동맹국들로 옮기게 됐지.

우리나라가 2020년부터 2022년까지 코로나 시기에

수출 증가와 경제적 호황이 왔던 이유도

이런 부분이 연관되어 있어.

본래 공급을 끊고 다른 공급망을 찾으려 하면,

즉 리쇼어링을 하려면

그 기간 동안 버틸 만큼의 재고를 보충해 둬야 하거든.

그때 코로나가 심하지 않았던 우리나라가

상대적으로 수혜를 많이 보게 된 거지.

대신 미국의 자국 우선주의 정책 때문에

우리나라의 삼성, 현대차 등 대기업들은

어쩔 수 없이 미국에 공장을 지어야 했어.

타국에 공장을 짓는다는 건

그 나라에 목줄이 잡혀 있다는 의미잖아?

과거로 치면 그 나라의 왕자와 공주를 인질 잡는 것과 같아.

동시에 공장들을 자국으로 불러들여

경쟁 세력들을 약화시키고 일자리를 만들어

2022년에 있을 급격한 금리 인상을 대비한 거지.

원래 금리 인상이란 건 자국 경제가

충분히 버틸 체력이 있을 때만 할 수 있는 거라서

미국은 이때부터 차근차근 다음에 있을

급격한 금리 인상을 대비하고 있었을 거야.

그리고 앞서 말한 바와 같이 달러의 위상을 지키기 위해서는
미국 외의 나라들의 경제가 안 좋아지거나
자기들이 가치 있는 물건을 만들어내야 하거든?
미국은 공장들을 불러들여
미국의 금융 일방주의적 체질을 변화시키고
동시에 급격한 금리 인하와 금리 인상으로
다른 나라들의 경제를 망가뜨려
이득을 취하는 구조를 만들어낸 거야.
동시에 전 세계에 백신을 판매해서 얻은 수익 역시
미국의 산업경쟁력을 강화시키고
달러의 입지를 지켜내는 데 큰 공헌을 한 거지.

미국이 정말로 유도했든 안 했든,
이러한 일련의 흐름과 코로나 시기 미국의 정책들은
확실히 세계화 이후의 세계의 질서를 재편시키고
2023년 현재까지는 달러의 위상을 지켜내는 데
큰 역할을 했던 게 사실이야.

하지만 한편으로는 이런 미국의 폭력적인 금융정책은
결국 다른 국가들의 탈달러를 유도하고 있고

언젠가는 옛 영국의 파운드화가 저물었듯이

달러 역시 그 수명을 다하게 될 거야.

그리고 미국은 그럴수록 부족한 재원을 메꾸기 위해

다시 한번 통화량을 늘려가며

전 세계에 인플레이션을 수출하겠지.

이게 바로 미국이 몇십 년간 유지해온 세계화의 본모습이야.

겉으로나마 따뜻하고 평화로웠던 시기가 가고

이제 드디어 혼란과 분쟁의 시기가 도래했다고 할 수 있을 거야.

3

새로운 눈으로 미래를 내다보자

변화하는
세계질서

우리가 과거의 역사, 철학, 경제를 배우는 이유는
현실의 문제들을 해결하기 위해서잖아?
세상이 정보화 시대로 접어들면서
우리는 삶에 닥친 커다란 패러다임의 변화들을 알아차려야 해.
그중 하나가 과거에는 정보를 얻는 것 자체가 중요했다면
지금은 정보는 이미 지천에 널려 있기 때문에
특정 정보를 찾아내는 능력, 그리고 그걸 분석하여
미래를 예측해내는 능력이 중요해졌다는 거야.
따라서 돈을 벌고 남들보다 앞서 나가려면
앞으로의 미래를 그려낼 수 있는 눈을 키워야 해.

현재 전 세계는 커다란 변혁을 겪고 있는 중이야.
과거 100년 전, 미국이 영국으로부터 전 세계의 패권을 빼앗고
금본위제를 채택한 이래로 달러의 가치는 점점 떨어져
마치 100년 전의 영국과 같은 운명에 처해 있지.
다른 나라들은 이런 세계질서의 변화 흐름을 눈치채고

가짜 자산인 달러를 조금씩 버리고
금이나 은 같은 실물로 갈아타고 있어.
미국의 대척점에 있는 나라들에선
금에 기반한 새로운 통화가 나올 거라는 얘기도 나오고 있지.

이런 전 세계적인 규모의 패권이 교체되는 순간엔
필연적으로 갈등과 전쟁을 피해갈 수가 없어.
지금 러시아와 우크라이나가 겪고 있는 전쟁 역시 그 일부지.
우리 같은 개인은 그저 이런 위기들이
그저 우리나라를 피해가길 기도하는 수밖에 없지만
그래도 한발 먼저 고민하고 앞으로의 변화를 예측함으로써
본인과 가족들을 위해 올바른 판단을 내릴 수 있는 눈을 키우는 게
앞으로의 위기 속에서 큰 도움이 될 거야.

내가 생각하는 미래의 변화는 이래.

경제적으로는 인플레이션 시대에서
하이퍼 인플레이션 시대로의 변화
사회적으로는 질서가 있던 세계에서
분쟁과 전쟁이 늘어나는 세계로의 변화
정치적으로는 자유주의 체제에서
전체주의와 극단주의로의 변화

지나치게 풀린 달러는 이미 인플레이션을 만들어버렸고
벌어진 양극화를 잡는다는 명목으로 정부는
통화량을 더 늘려나갈 거야.
앞으로는 매년 순식간에 오르는 물가 속에서
가진 자와 못 가진 자의 경계가 더 뚜렷해질 거야.

그리고 가치가 떨어진 통화는 상대적으로
실물자원과 자산을 더 가치 있게 만들 거고
전 세계는 한정된 자원을 빼앗기 위해,
그리고 비어 있는 왕좌를 차지하기 위해 더 큰 분쟁을 만들겠지.

한편으로는 벌어진 양극화로 인해
사람들은 점점 자유보다는 한 조각 빵을 원하게 될 거고
그건 필연적으로 전체주의를 불러오게 되어 있어.
부유한 자도 안심할 수 없는 세상이 오겠지.
즉, 앞으로는 과거보다 더 안 좋아질 일만 남았다는 거지.

여기부터는 앞서 말한 내용을 토대로 코로나 시기를 막 지나
인플레이션의 시대로 접어든 지금의 세상을 통해
미래를 분석해 보도록 하자.

서구사회의 몰락과
경쟁자들의 성장

미국과 서구의 이러한 강압적인 질서 재편은

그만큼 오랜 기간 기득권을 유지해 온

서구사회의 힘이 약해지고 있는 반증이기도 해.

현재 세계의 중심축은 서방에서 아시아로 옮겨가는 중이고

이건 역사가 늘 그래왔듯이 자연스러운 흐름이야.

서방과 대칭을 이루는 대표적인 세력은

브릭스(BRICS)라고 볼 수 있는데

이는 중국, 러시아, 브라질, 인도, 남아프리카공화국을 필두로 한

여러 개발도상국들의 집합체로,

제1차 세계대전 이후 세계의 질서를 지배해온 G7과

대척점에 서 있다고 할 수 있을 거야.

이들은 정치적, 경제적 이득에 따라

서로 붙거나 갈라지기도 하기 때문에

완전한 경제적 공동체로 보기에는 어렵지만

앞으로 '반 서방'을 기치로
이들 국가 간의 협력은 점점 늘어나게 될 거야.

2010년대의 미국과 유럽의 전 세계 구매력 기준 GDP는
전 세계의 50% 정도를 차지하고 있었지만
현재는 약 30%대로 떨어진 상태고
브릭스의 GDP는 2010년대 18% 정도에서 2023년엔 36%로
오히려 미국과 유럽을 추월했다는 통계도 나오고 있어.
그 말은 더 이상 미국과 유럽의 경제력이 예전만 못하다는 뜻이고
이는 그동안 선진국들이 생산성이라는 덕목을 등한시하고
지나친 사회주의적 가치에 매몰되어 있는 동안
점차 퇴보해 온 거라고 볼 수 있을 거야.

우리가 선진국형 정치·경제라고 생각했던 것들은
사실은 국가의 경쟁력이 쇠퇴하는 노화 과정이었을 뿐인 거지.
생각해 보면 너무나 당연한 거야.
인간의 가치를 강조하다 보니
너무 올라간 인건비는 산업경쟁력을 떨어뜨리고,
군대를 무력화시켜 국방력을 떨어뜨리고,
힘든 일을 할 사람이 없어져
노동력을 수입해 오게 만들어버렸지.
환경의 가치를 강조하다 보니 기업의 이윤추구는 방해받고

자잘한 공사 하나에도 수십 단계의 비효율이 생겨버렸어.

왜 유럽엔 높은 빌딩이 별로 없을까?

환경, 조망권, 문화유산 등

여러 가지 규제들이 거미줄처럼 엮여 있거든.

게다가 선진국 국민으로 산다는 건

사실 엄청나게 많은 특권을 갖는다는 건데

그게 지속되다 보면 국민들은

그 특권을 당연하게 여기게 되어버려.

개발도상국 국민들보다 적게 일하고 더 많이 벌 수 있고

개발도상국 국민들이 먹을 수 없는 비싼 식재료들,

대게나 랍스터, 참치 같은 고급 음식들을

선진국 국민들은 대부분 즐길 수 있지.

또한 우리가 당연한 듯이 누리는 의료 인프라들,

거기 쓰이는 의료용 장갑이나 거즈, 약품들 모두 단가가 높기에

개발도상국 국민들은 그 혜택을 쉽게 누릴 수 없어.

그들이 못 배우고 못나서 건강에 관심 없는 게 아니라

단지 여유가 없을 뿐이야.

가난한 국가의 아이들이 비누 하나로 몸을 씻을 때

선진국의 국민들은 집에 가면 쓰지도 않는 물건들,

세면용품, 수십 종류의 화장품들이 즐비하게 쌓여 있잖아.

그리고 그렇게 의무보다 권리를 주장하는 사람이 많아지다 보면
나라의 쇠퇴는 필연인 거야.
일하지 않고 지출이 많으면 망한다는 건 절대적 진실 아니니?
아무리 금융과 통계로 눈속임해도 가릴 수 없는 것들이지.

어쨌든 그런 면에서 현재의 변화하고 있는 세계질서가
우리나라 입장에서는 그다지 달갑지만은 않은 거야.
우리나라는 최빈국에서 시작했지만
지금은 어엿한 선진국의 반열에 올라
미국 유럽의 편에서 함께 기득권을 누리고 있는 나라고
당연히 혼란한 세계보단 질서 있는 세계가 더 유리할 테니까.

서구사회는 기득권을 지키고 싶어 하고
신흥국들은 새로운 기득권이 되기를 원하지.
과연 미국이 다시 한번 챔피언 벨트를 지켜낼 수 있을지
아니면 이번 시대에 과거 영국처럼 저물어버릴지는
아무도 예측할 수 없지만
과거의 역사적 사례에서 평화적인 권력 이양은 없었기 때문에
앞으로의 세계에 더 많은 분쟁과 혼란이 발생할 거라는 건
쉽게 예측할 수 있을 거야.

하이퍼 인플레이션
시대의 시작

요즘은 경제적 판단을 내리기가 너무 힘든 시기야.
현재는 과거의 데이터와 진행 방향이 너무 다르기 때문에
누구 말을 들어야 할지 판단이 잘 안 서지.
이렇게 어디로 튈지 모든 게 불확실한 상황에서는
확실한 것 몇 개만 정해놓고 상황을 판단하는 게 유리할 거야.

앞으로 일어날 일 중에서
어느 정도 확신을 갖고 예측할 수 있는 미래는,
앞으로 더 큰 전쟁이나 커다란 경제 위기 없이는
현재의 높은 인플레는 꺾이기 어렵다는 거야.
한마디로 매년 높은 물가 상승률로
빈부격차가 점점 심해질 거라는 얘기지. 왜냐고?

우리는 근 30년 이상 지속되어 온
세계화 시스템에 대해 정확히 알고 있어야 해.
세계화의 본질은, 그냥 단순히 말하자면

누군가 많이 일하거나 하기 싫은 일을 하는 대신

누군가 더 적게 일하고, 더 고상한 일을 한다는 거야.

너랑 네 친구가 같이 합심해 100만 원을 벌어야 한다고 쳐봐.

네가 적게 일하려면 어떻게 해야 하지?

친구가 더 일하면 되는 거지.

네가 돈을 더 가져가려면?

친구가 더 적게 가져가면 되는 거야.

물론 전 세계의 경제는 계속 성장하기 때문에

모두의 소득은 늘어나겠지만,

누군가 더 많이 일하고 적게 가져가야 한다는 건 변하지 않지.

전 세계의 분업화란 결국 이런 단순한 시스템의 확장판일 뿐이야.

마치 봉준호 감독의 영화 「설국열차」와 같지.

네가 정화조에서 똥 치우는 일을 안 하는 대신

누군가는 그걸 해줘야 하는 거고,

네가 공장이 아니라 사무실 에어컨 밑에서 일하는 대신

누군가는 에어컨도 잘 안 나오는 공장에서

볼트를 조이고 있어야 하는 거야.

꼬리칸에서 일하는 사람들이 있기에

앞칸 사람들이 일을 덜 할 수 있는 거지.

그렇다면 가장 앞칸에서 고상한 일을 하며

전 세계의 질서를 잡아주는 미국의 힘이 약해질수록

꼬리칸에 있는 친구들은 더 이상 자기 노동력과 자원을
싼 값에 안 넘기게 되는 거지.
그게 바로 지금 일어나는 화폐가치 하락으로 인한
인플레의 본질이라고 할 수 있어.
복잡한 숫자나 그래프 없어도 현재의 상황이 이해가 될 거야.

미국의 통제력은 약해졌고,
SNS의 발달로 사람들은 남이 하기 싫은 일을
내가 하는 것을 거부하고 있어.
머리가 커진 국가들이 더 이상 전 세계의 공장으로써
힘든 일, 더러운 일을 안 하려고 하는 거지.
자기들도 저기 선진국 애들처럼 편의점 아르바이트 같은
노동만 해도 200만 원이 나오고
급여 안 주면 노동부에 신고도 할 수 있고
주 7일이 아니라 5일만 노동할 수 있고
한 달 일한 돈으로 해외여행도 다니면서 자아실현을 할 수 있는
그런 꿈같은 나라에서 살고 싶다고 말하는 거야. 이해가 되니?

그렇다면 저쪽 친구들이 30년간 전 세계인의 뒤를 닦아줬으니,
이제는 우리 대한민국 같은 선진국 국민들이
전 세계의 화장실이 되어 주면
저 친구들이 더 행복한 삶을 누릴 수 있다는 말이 되는 거지.

그렇게 살 준비 됐니?

싫어?

응. 당연히 싫겠지.

그래서 전쟁과 분쟁이 일어나는 거야.

우크라이나 전쟁, 아프리카에서 일어난 쿠데타,

유럽에서 일어난 폭동,

본질은 다 이런 것들이야.

얼핏 보면 복잡한 것처럼 보이지만,

선진국들은 그저 지금의 질서가 유지되기를 원하고,

그렇지 않은 나라들은 새로운 질서를 만들기를 원하는 거지.

따라서, 미국이 다시 패권을 잡든

아니면 다른 어떤 나라가 패권을 잡든지 간에,

누군가 이 세계의 질서를 다시 잡아주고

다시 어떤 국가들을 잡아다 꼬리칸에 넣을 때까지는

전 세계적인 인플레는 꺾이기 어려울 거야.

분쟁과 위기가 어느 나라에서 올지는 아직 알 순 없지만

앞으로 올 더 큰 인플레에 대비하고 준비하는 것,

그게 바로 우리 같은 일개 개인이 할 수 있는

최선의 방법일 거야.

네가 정화조에서 똥
치우는 일을 안 하는
대신 누군가는 그걸
해줘야 하는 거고,
네가 공장이 아니라
사무실 에어컨 밑에서
일하는 대신 누군가는
에어컨도 잘 안 나오는
공장에서 볼트를
조이고 있어야 하는
거지.

꼬리칸에서 일하는
사람들이 있기에 앞칸
사람들이 일을 덜 할
수 있는 거야.

러시아 전쟁에
숨어 있는 비밀

미국의 금융 일방주의적 질서 속에서
우리나라는 나름 수혜를 본 나라지만,
그렇지 않은 나라도 많았어.
미국의 반대편에 있는 나라들,
중국, 러시아, 이란, 북한, 이들은 비슷한 공통점이 있는데
바로 독재국가라는 점이야.

우리는 독재국가에 대해서 굉장히 안 좋은 편견을 갖고 있지만
앞서 말한 바와 같이 조선시대 역시 독재국가였고
미국이나 다른 서방국가들도 한때는
독재국가, 왕정국가였던 시기를 거쳤어.
이들이 왜 독재 시스템을 유지할 수밖에 없을까?
이들은 미국의 규칙 속에서 일탈하려는 자들이기 때문이야.

미국의 금융 시스템은 일단 자본이 개방되면
바이러스처럼 국가로 침투하여
그 나라의 부를 본국으로 실어다 나르는 역할을 하지.

특히 국가 안에 천연자원이 많고, 가져갈 게 많을수록
이런 금융기법으로 인한 약탈에서
훨씬 큰 손해를 보는 구조로 만들어져 있어.

따라서 미국은 각국의 정치에 필요에 따라 개입하며
친 서방 국가는 독재자도 용인해 주고
그렇지 않으면 민주화를 빌미로 정권을 무너트리기도 하며
미국의 이익을 조율해 왔지.
따라서 미국의 반대편에 서 있는 국가들은
자연스레 독재국가로 남을 수밖에 없는 거야.

개방된 자본하에서는
온갖 미디어와 문화, 독재 타도, 프로파간다가 들어오기 때문에
하나로 일치된 힘을 낼 수가 없고
중국, 러시아, 이란처럼 자원이 많고 커다란 나라들은
만약 민주정권이 들어선다면 자원을 뺏기고
나라가 조각조각날 확률이 많지.
우리나라 사람들이 중국이 5호 16국으로
쪼개지길 원하는 것처럼
미국이나 다른 나라들도 중국이 갈가리 찢어지길 원하지.
그게 다른 나라들에 훨씬 이익이기 때문이야.
근데 중국인들 입장에서는?

독재국가라도 하나로 된 중국이 더 유리한 거지.

과거에 소련이 해체되면서
나라가 가난해지고, 여러 국가들로 갈라진 예를 생각해 보면
중국이 갈라졌을 때 어떤 일이 일어날지는
충분히 예상해 볼 수 있을 거야.
따라서 국가 간의 관계, 혹은 정치라는 것은
선악의 잣대를 바탕으로 판단을 하면
절대로 안에 있는 본질을 알 수가 없게 돼.
오로지 이득, 누가 이득을 보고 손해를 보냐를 갖고
현상을 파악해야 오류를 줄일 수 있어.

우리나라 사람들은 관심이 덜한 편이지만
최근 우리나라를 비롯한 전 세계에
가장 영향을 많이 끼친 사건은
러우전(러시아-우크라이나 전쟁)이라고 할 수 있어.
생각해 보면 이상하지.
뉴스만 보면 우크라이나가 연전연승에
영토도 탈환하고
젤렌스키는 용감하고
우크라이나 국민들은 일치단결하고
서방의 최첨단 무기가 들어오고

푸틴은 병에 걸려 골골대고

러시아 군부는 쿠데타를 모의하고 있고

러시아 전역에선 연일 시위가 일어나고

러시아 경제는 폭망해 가고…….

뭐야?

근데 왜 아직도 전쟁 안 끝나지?

이쯤 되면 좀 둔한 친구들도 깨달을 때가 됐지.

뉴스 기사들은 절대 진실만을 전달하지 않는다는 걸.

원래 기사는 우리들 똑똑해지라고 쓰는 게 아니고

빨리 클릭이나 하고 광고나 보라고 쓰는 거잖아.

우리가 러우전의 본질을 알기 위해선

우크라이나의 역사를 어느 정도는 알 필요가 있어.

우크라이나는 본래 소비에트 연방의 일원이었고,

90년도에 독일이 통일되자 소련은 불안감을 느꼈지.

방패 역할을 하던 동독이 없어져 버리면

그 다음 나라들도 줄줄이 나토에 가입할 텐데,

나토는 오직 러시아를 상대하기 위해 만들어진 조직이잖아?

목 밑에 칼이 들어오는 거지.

그때 소련의 고르바초프는 나토가 서독 밖으로

1인치도 전진하지 않겠다는 약속을 받고

독일의 통일을 승인하게 돼.

그리고 약속은 지켜졌을까?

당연히 거짓말이었지.

원래 나라 간엔 신용보다 이익이 우선하는 법이잖아.

1인치가 뭐야. 폴란드, 체코, 하나둘 가입시키더니

기어코 러시아 코앞 우크라이나까지 도달한 거야.

앞서 설명했지만 미국이나 유럽 같은 기축통화국은

본인들이 가만히 있고 싶다고

가만히 있을 수 있는 나라가 아니야.

기축통화를 유지하기 위해서

자신들 영향권 안의 달러를 쓰는 나라들이

계속해서 필요하기 때문에

생존하기 위해선 계속 영향력을 늘릴 수밖에 없는 나라들이지.

러시아 입장에선 턱밑으로 치고 들어오는 나토가 거슬렸지만

이미 세계 패권이 넘어간 상황에서

러시아가 딱히 할 수 있는 일은 없었지.

하지만 다른 나라가 다 넘어가도

우크라이나만은 넘겨줄 수 없었어.

역사적으로 분쟁이 있긴 했지만,

원래 러시아와 한 나라이기도 했고
러시아계 주민도 굉장히 많이 살고 있었단 말이야.
그리고 우크라이나는 굉장히 광활한 평야 지대라서
우크라이나까지 나토로 넘어가 버리면
러시아까지는 고속도로기 때문에
전술적으로도 중요한 나라였지.
그렇게 서방과 러시아에선 우리가 모르는 사이
우크라이나를 두고 치열하게 대립하고 있었던 거야.

전쟁의 불씨는 2013년부터 타오르기 시작하는데
당시 우크라이나 대통령인 야누코비치가 서방을 등지고
러시아 쪽으로 돌아서기로 하면서
서방과 러시아의 치열한 물밑 싸움이 시작된 거지.
겉으로는 독재 타도와 민주주의 때문이라지만
뭐, 항상 명분은 겉치레일 뿐이야.

그렇게 2013년 유로마이단 혁명으로 야누코비치는 쫓겨나고
우크라이나엔 친서방 정권이 들어서지.
근데 문제는 우크라이나 내에 크림반도나 돈바스 지역엔
대부분 러시아계가 거주하고 있어서 새 정부를 인정하지 못하고
우크라이나에서 독립하겠다는 시위가
크림반도 내에서 일어나게 돼.

그리고 그 기회를 노리고 푸틴이 재빠르게 병력을 투입해
러시아가 크림반도를 먹어버리게 된 거지.
그리고 그에 자극받은 인접 돈바스 지역 곳곳에서도
자신들도 러시아로 병합시켜 달라며 시위가 일어나게 됐어.
그리고 우크라이나 정부는 이를 제압하려 군대를 파견하면서
내전 양상으로 번지게 됐고
돈바스에서 수많은 사람들이 사망하지.
돈바스 반군만 죽은 게 아니고
러시아계를 소탕한다는 명목으로 학교와 민가에
우크라이나가 무차별 폭격을 가했다는
논란이 계속해서 이어져 오고 있어.

하지만 서방권 입장에서
우크라이나 정부는 정의의 편이어야 했기 때문에
러시아의 크림반도 병합에만 초점을 맞춰서 보도를 했고
CNN 등을 주로 따다 듣는 우리나라 사람들은
그런 논란이 있었는지도 모르는 사람이 태반이야.
원래 언론이 초점을 어디다 맞추냐에 따라
죽일 놈도 됐다가 영웅도 됐다가 하는 거잖아.

그리고 이 내전은 2014년 벨라루스, 프랑스, 독일의 중재로
휴전협정을 맺게 돼.

이를 민스크 협정이라고 하지.

하지만 이 정전협정은 채 2주도 지나지 않아 깨지게 되면서

무의미한 협정이 돼 버리지.

최근에야 밝혀진 내용이지만, 독일의 메르켈 총리는 인터뷰에서

사실 그때 민스크 협정이 안 지켜질 걸 알았기에

단순한 시간 벌기에 불과했고

7년 동안 우크라이나는 서방의 지원으로

러시아에 맞서 싸울 군대를 육성하고 군사력을 강화했다고 하니

사실 2014년부터 서방권은 이미 우크라이나를 방패로

러시아와 싸울 생각을 하고 있었던 거야.

결국 돈바스의 휴전 협정은 지켜지지 않았고

2019년 취임한 젤렌스키가 나토 가입을 추진하면서

러시아가 결국 2021년 국경을 넘어 우크라이나를 침공해

전쟁이 시작된 거지.

미국 입장에선 나쁠 게 없는 전쟁이었어.

점점 커가는 러시아를 악으로 만들어서 제재할 수 있고

미국 국민들 인건비가 점점 올라가면서

더 이상 외국에 자국민 파견해서

전쟁할 만한 여력도 없어지고 있었거든.

근데 무기만 제공하고 우크라이나 국민들을 이용하면

피를 흘리지 않고 정적을 약화시킬 수 있었던 거지.

근데 예상이랑 좀 다르게 흘러간 거야.

러시아가 생각보다 더 잘 버텼던 거지.

보통 골리앗 러시아 대 다윗 우크라이나라고 생각하는데

사람들이 잘 모르는 부분이,

러시아는 사실 지금 혼자서

서방세계 전체랑 전쟁을 치르는 중이거든.

각 나라별 우크라이나 전쟁 지원금을 봐.

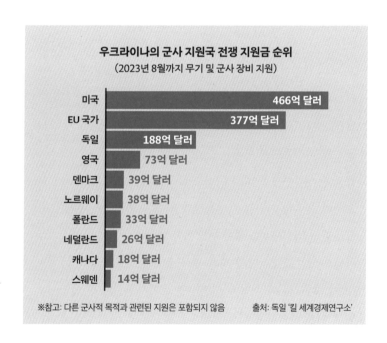

우크라이나의 군사 지원국 전쟁 지원금 순위
（2023년 8월까지 무기 및 군사 장비 지원）

미국	466억 달러
EU 국가	377억 달러
독일	188억 달러
영국	73억 달러
덴마크	39억 달러
노르웨이	38억 달러
폴란드	33억 달러
네덜란드	26억 달러
캐나다	18억 달러
스웨덴	14억 달러

※참고: 다른 군사적 목적과 관련된 지원은 포함되지 않음   출처: 독일 '킬 세계경제연구소'

단순히 이념 싸움으로 치부하기엔 너무 필사적이지.

다들 각자의 입장에서 머리를 굴리고 있는 거야.

미국은 전쟁이 터지자마자

러시아에서 글로벌 회사들을 철수시키고

스위프트 시스템을 끊어 국제 거래를 못 하게 만들었어.

이때 서방권 언론에서는 러시아 경제의 종말을 얘기했지만

예상과는 다르게 폭락하던 루블은

몇 개월 만에 하락 폭을 회복해 버렸어.

망할 나라의 돈이 왜 오르겠어?

돈은 거짓말을 안 하거든.

러시아도 생각보다 준비를 철저히 했던 거지.

2014년 크림반도 합병으로 서방의 제재를 받을 때부터

러시아는 이미 서방권과의 전쟁을 생각하고 있었던 것 같아.

그리고 경제를 마비시키겠다고 떠나버린

글로벌 기업들의 빈자리는 중국이 채우며

중국과 러시아를 오히려 한편으로 묶어버렸어.

오히려 글로벌 기업들은 부동산과 자금을 회수하지 못하고

고스란히 러시아인들에게 헌납해야 했고

국내외적인 문제로 골머리를 썩던 중국은

이 기회에 러시아 시장을 선점하면서 기사회생할 수 있었어.

원래 별로 사이가 좋지 않았던

러시아와 중국이 친해져 버렸으니

미국 입장에선 그리 좋지 않은 수였던 거지.

그리고 그런 지정학적 변화는 주변 국가들에게도 전염되면서

오히려 미국의 절대적 통제력에 상처를 남기게 된 거야.

러우전이 러시아의 승리로 끝나는 순간

미국이 여태까지 누리던 최강국의 위상에도 금이 가버리고

그렇게 되면 달러의 기축통화 자리도 위태로워져 버려.

달러가 기축통화가 아니면?

이제 한도 무제한 신용카드 못 쓰니까

열심히 일해서 먹고살아야지.

근데 이미 나태해진 국민성으로 그게 가능할까?

따라서 모르는 사람들이 많지만,

러시아 우크라이나 전쟁은 앞으로 세계의 패권의 향방을 결정할

너무나도 중요한 전쟁이라고 할 수 있을 거야.

우리가 해외 뉴스를 정확하게 파악하기 위해서

굳이 사견이 들어간 미디어를 볼 필요는 없어.

왜냐면 현대에서는 미디어 역시

굉장히 효율적인 전쟁의 도구이기 때문이야.

그러니까 러우전의 향방을 알고 싶으면

주변국들이 어디로 붙는지를 관찰하면 답이 나오는 거야.

수백 수천의 첩보기관, 행정 외교기관의 서포트를 받는

각국의 정상들이 어떤 결정을 내리는지 보면

우리는 굳이 우리가 뉴스를 보지 않아도

앞으로의 국제정세를 어느 정도 예측해 볼 수 있는 거지.

그 시기가 언제 올지는 아무도 모르지만

지금 전 세계는 조금씩 미국과 유럽이 수백 년간 누리던 패권이

끝나가는 신호들을 끊임없이 보내고 있어.

세상은 동화 속처럼 명확한 선악이란 게 없이

오로지 실리를 따라서 움직이고,

선과 악은 단지 필요에 따라서 붙이는 꼬리표라서

그거 따라가다 보면

너의 목적지인 서울이 아니라 부산에 가 있게 되는 거지.

너의 가슴을 뜨겁게 만드는 것들은

대부분 누군가가 목적을 갖고 불을 붙인 거기 때문에

조금은 머리를 차갑게 가라앉히고 오로지 실리를 보면서

너와 너의 가족들을 위해 뭐가 나을지를 판단해 보자.

4

✦

투자의 원칙을 바로 세우자

인생에서 가장 중요한
성공 투자법

여기까지 이해했다면 개인에게 있어서 투자란 건

선택의 문제가 아닌, 생존의 문제라는 걸 이해했을 거야.

인플레이션의 칼날을 피하기 위한 개인의 몸부림이

결국 사회를 발전시키고 돌리고 있었던 거지.

그럼 우리가 다음으로 알아야 할 건

올바른 투자의 가치관을 세우는 일이 될 거야.

투자할 돈이 없다고?

그래, 그래. 그 생각부터 바꿔야 하는 거야.

보통 사람들은 돈으로 하는 행위만을

투자라고 생각하는 경향이 있는데,

투자의 본질을 이해하고 나면

아무것도 안 하고 방에 누워서 TV를 보는 순간조차도

투자라는 걸 알 수 있을 거야.

몇 년 전 버크셔 해서웨이 주주총회에서

한 어린 여학생이 세계 최고의 투자자인 워런 버핏에게

어디에 투자해야 하는지, 종목 하나만 찍어달라고 한 적이 있어.

사람들이 투자할 때 항상 궁금해하는 질문을 한 거지.

버핏은 뭐라고 답했을까?

안타깝게도 종목을 찍어주진 않았어.

주식을 사는 것보단 열심히 공부해서

지역 사회에서 의사나 변호사가 되는 게 더 나을 거야.

우리 부모님이랑 똑같은 소리를 해준 거지.

이제 알겠지?

이 세상 최고의 투자 고수는 바로 부모님이란 걸 말이야.

근데 사실 이 말 속엔

굉장히 많은 내용이 함축적으로 숨어 있어.

왜 부모님은 너한테 아파트를 사주는 대신

공부를 하라고 했을까?

아파트도 사주셨다고?

그래 좋겠다, 좋겠어.

근데 그런 부모도 공부를 먼저 시키고 아파트를 사주지

아무것도 모르는 애한테

덜렁 아파트 한 채만 사주진 않잖아. 그치?

왜냐면 부모는 인생을 살면서 경험적으로 알기 때문이야.
세상 살아가는 데는 공짜 아파트보다
그 돈으로 지식을 체득시키는 게 더 중요하단 걸 말이지.
물고기를 주는 것보단 물고기 잡는 법이 더 중요한 거잖아.
워런 버핏은 소녀에게 너는 지금 당장 물고기를 잡을 게 아니고
잡는 법부터 배우라고 조언을 해준 거지.

사실 알고 보면 우리는
인생 365일 24시간 60분 60초 매 순간 투자를 하고 살고 있어.
우리 삶의 투자란 건 뭐라고 생각해?
투자란 이익을 얻기 위해서 어떤 일이나 사업에
자본을 대거나 시간이나 정성을 쏟는 걸 말해.

따라서 어떤 일을 할 때,

투자금

리스크

투자수익

이 세 가지가 있다면 뭐든지 투자라고 할 수 있어.
그리고 사람들이 투자에 실패하는 이유는 이 세 가지를 굉장히,
아주, 아주, 아주 굉장히 잘못 분석하기 때문이야.

누군가는 적은 이익에 투자금을 너무 많이 넣고

누군가는 리스크를 간과하며

누군가는 너무 작은 투자금으로 큰 투자수익을 올리려고 하지.

때문에 이 세 가지를 잘 분석하는 것,

그게 인생 성공의 열쇠라고 할 수 있어.

그리고 여기서 많이 저지르는 실수가

1. 투자금, 리스크, 투자수익을 오로지 돈만으로
산정하거나

2. 그 돈을 무엇을 위해 버는지 까먹는 것

이거야, 이거.

그럼 위 두 가지를 예를 들어서 알아보자고.

★ 1. 투자금을 돈만으로 산정하는 것

네가 1000만 원을 들여 주식투자를 해서

1년 동안 1000만 원을 벌었다고 해보자.

그러면 결과가 이걸까?

투자금 1000만 원

리스크 1000만 원

투자수익 1000만 원

당연히 아니지.

너의 투자금은 1000만 원과 너의 시간과 건강이야.

네가 투자할 동안 HTS 보려고 들락날락하느라 걸린 시간,

호가 떨어질 때 자라난 네 몸 안의 암세포,

그걸로 떨어진 네 본업에서의 실력과 평판,

그거 할 시간 동안 날린 기회비용들…….

이렇게 여러 가지가 섞여 있지.

리스크는 단순히 1000만 원이 아니고

네가 이 행위로 인해 본업에 소홀함으로 인해서

미래의 수익이 오히려 1000만 원 이상 감소할 수 있는 가능성,

돈을 잃음으로써 네가 잃을 건강이나 인간관계 등이 있어.

그리고 투자수익 1000만 원이 나긴 했지만

'잃은 것과 비교했을 때 과연 수익이 난 게 맞나?'는

네가 무덤에 들어갈 때 정산해 보면 알 수 있겠지.

즉 기회비용이나 병원비로 더 깨질 수 있다는 거야.

혹은 이번에 1000만 원 벌었다고 들떠서

나중에 더 큰 돈을 날릴 가능성도 있어.
그래서 때로는 주식투자를 안 하는 것도
좋은 투자가 될 수 있는 거야.

우리가 어렸을 때는 다들 공부를 했잖아.
네가 의사가 되려고 노력할 때 투입하는 투자금은 뭐가 있을까?
일단 시간과 건강이지.
남들 놀 때 시간 몰빵하면서 골방에 박혀서 깎이는 네 건강,
학원비 등이 있겠지.

리스크는 열심히 공부하고도
머리가 나빠서 아무것도 안 될 수 있다는 거야.
그리고 남들은 사람들과 놀고 연애하면서 사회성을 기를 동안
넌 말주변도 못 키우고 도태될 리스크도 있지.
요새 「나는 솔로」 같은 거 보면 너무 오랫동안 공부만 하다 보니
연애나 결혼을 제대로 못하고 후회하는 경우가 꽤 많잖아?
적당한 인간관계 형성 연습을 했어야 했는데
리스크 관리를 잘못한 거지.
그거 공부만큼 어려운 거라서 나이 먹고 하기 어렵거든.

의사가 된다면 다행이겠지만
그렇지 못하다고 해도 너한테 남는 투자수익은 있어.

수학을 공부하면서 이성적인 상황 판단과 연산 능력이 늘었고

영어를 공부하면서 외국어 실력을,

언어를 공부하면서 이해력과 속독 능력을 얻었겠지.

아예 대학을 안 가진 않을 테니 대학 학위도 하나 얻을 테고.

그리고 제일 중요한 건 아까 말한

투자금, 리스크, 투자수익을 분석할 수 있는 지식이 남는다는 것.

즉, 어렸을 때 공부하는 건

투자금 대비 꽤 남는 장사라고 할 수 있어.

어쨌든 큰 손해는 안 보니까.

왜 워런 버핏이랑 부모님이 공부하라고 했겠니.

이번엔 네가 길 가다 상점을 털었다고 생각해봐.

그거 강도 아니냐고?

이것도 투자의 관점에서 해석해 볼 수 있지.

투자금은 네 몸뚱이 하나, 몽둥이 하나, 복면 하나 정도겠지.

리스크는 감옥에 갈 위험이 있으나

잡히지만 않는다면 투자수익은 어마어마할 수 있어.

몽둥이 하나로 10분 만에

1억 원이나 10억 원을 벌 수도 있겠지.

우리나라야 치안이 안정된 나라니까

이런 형태의 투자를 잘 안 하는 편이고

대부분의 투자자가 학교에 들어가 있지.

하지만 법의 보호를 받지 못하는 후진국으로 갈수록

이런 형태의 투자가 선호되곤 해.

국민들이 범죄보다 적법한 투자가 더 유리하다고 믿게 만드는 것,

그게 바로 정부의 역할이라고 할 수 있어.

여기서 다시 한번 아까 말한 투자 판단의 실수를 되짚어 보자.

누군간 적은 이익에 투자금을 너무 많이 넣고

(1000만 원 벌려고 주식에 시간과 커리어를 갈아넣고)

누군간 리스크를 간과하며

(당장의 수익 때문에 10년 후 감옥에 가기도 하고)

누군가는 너무 작은 투자금으로 큰 투자수익을 올리려고 하지.

(횡령이나 사기, 과한 투자를 하는 것, 혹은 능력 즉 투자금은 없으면서

예쁜 여자만 만나려는 것)

즉, 네가 살면서 내리는 모든 결정은 투자행위기 때문에

오늘 친구를 만날지 말지 결정하는 것

누구를 사귈지 결정하는 것

부모님 말을 들을지 말지 결정하는 것

인터넷 뻘글을 볼지 말지 결정하는 것

모든 게 다 투자행위고

투자금, 리스크, 투자수익이 생기는 거야.

아무것도 안 하고 남 탓만 하는 건?

남들 달릴 동안 멈춰서서 계속 시간을 까먹고 나이는 먹고,

투자금은 들어가는데 투자수익은 아무것도 안 나는 거지.

리스크는 사회에서 아무것도 아닌 게 되는 것.

★ 2. 그 돈을 무엇을 위해 버는지 까먹는 것

우리가 돈을 버는 이유는

돈을 투자해서 나의 건강과 시간, 행복,

남들로부터의 사랑이나 존경 등을 구매하려는 거야.

근데 돈만으로 투자를 하다 보면 주객이 전도되는 경우가 많아.

부모님이 우리를 키우는 이유는 뭘까?

왜 몇 억씩 쓸데없이 까먹으면서

아무짝에도 쓸모없는 행동을 하는 걸까?

그 돈보다 너라는 다마고치 키우는 재미가 쏠쏠하기 때문이야.

거기서 얻는 행복이 더 크기 때문에 돈을 투자해서

귀엽지도 않은 너를 포켓몬처럼 키우는 거지.

투자금: 돈 + 건강 + 시간

리스크: 불효자식, 가슴에 대못

투자수익: 행복

너를 키우는 건 이렇게 분석할 수 있어.

전혀 비합리적인 행동이 아니지.

비합리적이었다면 현재의 가족 형태는 진작에 사라졌을 거야.

투자나 본업으로 돈을 좀 벌어본 사람들은 알지.

돈을 많이 번다고 사람들이 날 더 사랑하나?

그런 부분도 있지만 안 그런 부분도 있어.

오히려 더 멀어지는 관계도 있지.

자산 좀 불리고 건물 몇 채 갖고 있는 사람도

나이 먹고 방구석에서 전화할 친구 한 명 없다면

투자 실패한 인생이 되어 버리는 거야.

그러니까 돈이 쓸모없어지기 전에

빨리 돈을 투자해서 인간관계로 바꾸는 현명함이 필요하겠지.

우리 인생에서 학벌이란 어떤 의미가 있을까?

단순히 돈을 벌어다 주는 것 이상의 의미가 있어.

좋은 학벌은 너의 부모님이 너를 자랑스럽게 여기게 만들고

여자친구가 친구들 모임에서

당당하게 네가 남자친구라고 밝힐 수 있게 만들며
자식이 학교에서 '우리 아빠는 서울대학교를 나왔습니다'라고
자랑할 수 있게 만들어주지.

그래서 돈을 벌고 그 돈을 써서 좋은 학위를 따는 건
전혀 손해 보는 장사가 아니야.
따라서 버핏은 어린 소녀에게
가장 먼저 투자해야 할 포인트를 짚어준 거지.

유튜브 렉카들처럼

이거 안 사면 후회합니다
앞으로 이게 뜰 겁니다
아파트 앞으로 10년은 쳐다보지 마세요

이런 말을 해주는 대신
부모님처럼 뭐부터 투자해야 할지 진심 어린 조언을 해준 거야.

글이 기니까 앞의 말들을 정리해 볼게.
우리는 돈을 벌려고 건강도 바치고
부동산도 기웃거리고
유튜브도 찾아보고 하지만

투자에서 제일 중요한 건

뭐니 뭐니 해도 인생의 균형을 유지하는 거라는 얘기야.

근데 다들 바쁘게 살다 보면 자꾸 깜빡하게 되지.

돈, 건강, 시간, 사람

하나라도 부족하면 실패해 버리는 게 인생이야.

나이 먹고 네 가지 모두 가진 사람 거의 찾기 어려워.

그래서 이 게임이 어려운 거지.

그러니까 우리는 항상 리스크를 안고 적절한 투자를 하되

정확한 상황판단과 가치판단을 해야만

진정한 의미의 잃지 않는 투자를 할 수 있는 거야.

투자 없이 성공한 인생은 불가능해.

근데 가끔 보면 나는 투자 같은 거 안 하고

욕심 없이 그냥 평범하게 사는 게

꿈이라고 말하는 사람들이 있어.

투자 없이 성공하겠다는 소리지.

너무, 너무 건방진 소린 거야.

우리는 돈을 벌려고
건강도 바치고
부동산도 기웃거리고
유튜브도 찾아보고
하 지 만
투자에서 제일 중요한 건
뭐니 뭐니 해도
인생의 균형을 유지하는
거라는 얘기야.

투자의 적,
자존심

우리의 소비를 면밀히 살펴보면
굉장히 비합리적인 소비가 많지.
근데 그런 소비들 사이에서 한 가지 공통점을 찾을 수 있어.
바로 자존심을 지키기 위해 쓴 비용이라는 거야.

사람들은 살면서 자존심을 지켜내는 데
엄청난 돈을 소비하곤 하지.
친구가 산 차를 보고 자극받아 무리해서 새 차를 사기도 하고,
친구의 화려한 인스타그램 피드를 보고 자극받아
빚을 내서라도 과분한 소비를 하며 자기 자존심을 지키려 해.
얼핏 보면 별개의 소비 패턴 같지만,
사실은 모두 내 마음을 빈약하게 만드는 박탈감을 몰아내고
자존심을 지켜내기 위한 비합리적인 행동이야.

따라서 우리는 여기에 들어가는 비용만 아껴도
남들보다 훨씬 앞서나갈 수 있는 거야.

물론 쉽지는 않아.

남들에게 상처받지 않으려면,

단단한 자존감이 있어야

상대방의 차가운 태도나 상대적 박탈감에도

자기 멘탈을 보호할 수 있어.

하지만 자존감이란 건

그냥 내가 나를 사랑한다고 생기는 게 아니고

어느 정도 자신을 사랑할 근거가 있어야 하거든?

뭐라도 네가 너 자신을 자랑스러워할 만한 것을 이뤄야만

생기는 것이기 때문에 거저 얻을 수 있는 게 아니야.

또한 과거에 비해

너의 자존심을 자극하는 것들이 훨씬 많아지기도 했지.

옛날에는 그냥 눈 돌리고 살면 됐는데,

이제는 도저히 눈 둘 데가 없을 정도로 여기저기에

네 자존심을 건드리는 것들이 꽉 차 있잖아.

TV 광고, SNS, 유머인 척 가장하는 바이럴 마케팅까지

어딜 가든 상업광고가 우리 삶을 지배해 버렸지.

이건 사실 상품을 판매해야 하는 기업들의

필수적인 마케팅 방법이기도 해.

사람은 자존심을 지키기 위해 가장 쉽게 돈을 쓰기 때문에

기업은 어떻게 해서든 너의 열등감을 자극하려
부단히 노력하는 거지.

저 차를 안 사면 네가 지는 것 같고
저 동네에 안 살면 네가 불행한 것 같고
여행을 안 다니면 너는 실패한 인생같이 느껴지는 것.

모두 치열한 마케팅의 산물이고
거기서 자기 마음을 지켜낸다는 건 절대 쉬운 일은 아니지.
그럼에도 우리가 이런 사실들을 알고 있어야 하는 이유는,
몰아치는 박탈감의 홍수 속에서
조금이라도 이성적 사고를 하기 위함일 거야.
이성적 사고를 통해 우리 뇌를 속이는 가짜 자존심을 지워내고,
세상이 찌르는 칼로부터 너를 지켜낼 자존감을 키우면 되는 거지.

자존감을 키우기 위해 꼭 엄청난 돈을 벌거나
사회적으로 성공할 필요는 없어.
너 스스로 너를 사랑할 근거를 만들어낼 수 있다면 충분해.
사회적 성취를 못 하더라도
살을 빼거나 몸을 만드는 건 충분히 가능하잖아.
노력하는 자신의 모습을 보는 것만으로도
충분히 자존감을 지켜낼 수 있지.

너 자신만 이겨내면 되는 거니까.

정리하자면, 효율적인 소비와 투자활동을 위해
제일 먼저 우리 뇌의 비효율을 정리할 필요가 있다는 거야.
비록 본능이 우리를 끊임없이 속일지라도
우리는 통찰과 이성적 사고를 통해
남들보다 좀 더 효율적인 삶을 살자는 말이지.

살면서 계속 느끼는 거지만
이 세상에 자존심만큼 비싼 사치품은 없더라고.

자본주의의 핵심,
수요와 공급

우리 삶에서 진정으로 중요한 것들은
사실 초등학교 때 배우는 경우가 많아.
삶은 얼핏 보면 복잡해 보이지만,
초등학교 때 배운 간단한 진리들을 응용하고 변형시켜 보면
대부분의 현상들이 이해가 가지.
그중 자본주의를 이해하기 위한 핵심 요소가
바로 수요와 공급이야.

우리나라에는 왜 주식 부자보다 부동산 부자가 많은 걸까?
경제구조상 부동산으로 돈이 몰리게
설계되어 있는 부분도 있지만,
한편으로는 수요공급의 관점에서 바라보면 이해가 쉬워.
부동산이란 건 단위가 크고
큰돈을 써야만 취득할 수 있기 때문에
수요자에 비해서 시장에 참여할 수 있는 사람은
굉장히 제한적이야.

또한 사람들이 살고 싶어 하는 입지도

굉장히 제한적이기 때문에,

한정된 공급은 사람의 욕망을 자극하고

땅을 가치 있게 만들어주지.

사람들이 건물주라고 자랑하고 다니지,

삼성전자 주주라고 자랑하고 다니진 않잖아.

반대로 주식은 적은 자본으로 쉽게 접근이 가능하고

쉽게 사고팔 수 있기 때문에,

즉, 쉽게 얻을 수 있기에

사람들의 욕망을 자극하는 요소가 적고

가격이 오르기 어려운 구조로 되어 있어.

물론 이게 다는 아니고

오로지 인간 심리적인 관점에서 봤을 때를 말하는 거지.

수요와 공급은 인간관계에서도 쉽게 관찰되는데,

남녀 관계를 잘 살펴보면 여러 가지를 파악할 수 있어.

본래 진화심리학적 관점에서

남성은 최대한 여러 명의 여자를 원하도록 진화해 왔고

여성은 집단 내에서 가장 뛰어난 남성을 원하도록 진화해 왔지.

이런 차이점은 남녀의 운명을 완전히 다르게 만들어버렸어.

남성과 여성 100명이 있다고 했을 때,

남성은 대부분의 여성에 대해 수요를 느끼는 반면
여성은 가장 뛰어난 10여 명의 남성에게 수요를 느끼기 때문에
자연스레 사회에서 여성에 대한 수요는 많고
남성에 대한 수요는 적은 특성을 가지고 있지.

즉, 젊은 시절일수록 남성보다 여성이
평균적으로 훨씬 높은 수요가 형성되는 거야.
이러한 차이는 젊은 여성을 훨씬 가치가 높게 만들고,
다른 말로 하면 여성이 더 많은
유전적 자산을 보유하고 있다고도 말할 수 있을 거야.
사회에서 남성이 경제적으로 더 부담을 하고 부양을 하는 건
이러한 가치 차이를 무의식적으로 메꾼다고 생각할 수 있어.
따라서 평범한 남자와 평범한 여자가 있을 때
평범한 여자가 훨씬 많은 선택지를 갖게 되는 거고
뛰어난 여자와 뛰어난 남자가 있을 때는
뛰어난 남자가 좀 더 많은 선택지를 가질 수 있게 되는 거지.

하지만 그렇다고 꼭 남성이 더 힘들다고 할 필요는 없는 이유가
남성은 더 낮은 위치에서 경쟁하고 발전하는 원동력을 얻고
좌절에 더 강한 저항성을 지니게 되는 반면,
여성은 상대적으로 좌절 저항성을 기를 기회를 놓치고
향후 젊음이 사그라들고 사회가 차가워졌을 때

훨씬 큰 좌절감을 느낄 가능성이 크지.

사업을 하거나 장사를 할 때도
우리는 이 수요공급의 원리를 정확하게 분석해야 해.
내가 팔고자 하는 물건이나 서비스가
어느 정도의 수요가 있는지를 파악하고,
내가 공급하는 것들이 경쟁자들에 비해
어느 정도의 경쟁력이 있는지 파악하는 과정들이
사업과 장사 성공의 핵심 요소라고 할 수 있어.

나의 제품이 유일무이하고 공급이 적을수록
가치는 천정부지로 솟을 테지만,
애초에 수요가 별로 없는 제품이라면
그걸로 성공할 가능성은 높지 않겠지.

사람들이 좋아하는 에르메스나 람보르기니 같은 명품들도
의도적인 공급 조절로 가치를 유지시키고 있지만
그것들을 대부분의 사람들이 소유하는 순간 더 이상
남들보다 특별해지고 싶어 하는
사람들의 욕구를 충족시키지 못하게 되지.
예를 들어 옛날에는 비행기를 타거나
자동차를 갖고 있다는 것만으로 특권이었지만,

그것들이 대중화되면서
더 이상 사람들의 욕망을 자극하지 못하게 됐어.

최근 우리나라의 경제 규모가 커짐에 따라
슈퍼카나 명품의 보급이 늘어났는데
이게 지속되다 보면 유럽 사람들처럼
그에 대한 갈망과 수요가 차차 줄어들 거야.
그리고 더 특별해질 수 있는 물건들,
요트나 경비행기 같은 것들에 대한 수요가 점차 늘어나겠지.
물론 경제 규모가 지속적으로 더 커진다는 전제하에 말이야.

이처럼 수요와 공급을 파악함으로써
투자나 인간관계, 사업 방향까지 설정할 수 있기 때문에
수요와 공급을 올바르게 분석을 할 수 있는 눈을 지닌다는 건
인생을 성공할 수 있는 길이 보인다는 것과
마찬가지라고 할 수 있을 거야.

우리가 부동산을
공부해야 하는 이유

미국에서 과도하게 찍어내는 달러는 각 나라로 수출되고,

그렇게 수출된 달러는 그 나라의 화폐로 환전되어

그 나라의 화폐를 늘리게 되지.

달러 환율이란 건 너무 높아도, 낮아도 좋지 않거든.

따라서 미국에서 돈을 찍어내는 만큼

세계의 각 나라들도 거기에 보조를 맞춰가는 거야.

옛날부터 형성된 믿음 중에는 잘못된 것들이 꽤 많이 있는데,

그중 하나가 투자에 대한 잘못된 가치관이야.

금본위제를 버리고, 신용화폐 제도로 바뀐 순간부터

투자를 안 하면 남들보다 뒤쳐질 확률이

높은 세상으로 바뀌어 버렸거든.

투자 없이 노동 소득만으로 남과 겨루겠다는 건

남들이 자전거를 탈 때, 너 혼자 맨몸으로 뛰고 있는 것과 같아.

보통 나이가 많은 분들일수록

저축의 중요성에 대해 강조하는 경우가 많은데

그건 70년대 이전의 금본위제 시대의 낮은 인플레이션,

그리고 1950년대 전쟁 이후의 급격한 경제성장률 덕분에

은행에 돈을 맡기는 게 꽤 투자 효율이 좋았기 때문이야.

하지만 그때랑 지금은 완전히 상황이 변했고,

지금은 은행의 적금 이자가 투자수익률을 넘는 경우는

아주, 아주 가끔씩만 찾아올 뿐이지.

우리는 투자라고 하면 부동산이나 주식만을 생각하는데

은행에 적금을 넣는 것도 투자고

앞서 말했듯 네가 일하는 것도, 공부하는 것도

투자라고 할 수 있어.

보통 나라의 기준금리에 따라

은행의 예금금리가 오르기도 하고 내리기도 하는데

이 금리를 기준으로 모든 사회의 수익률이 변동하게 되지.

예를 들어 생각해 보면 은행 금리가 3%일 때

물가 상승률, 즉 인플레이션이 5%라고 한다면

은행에 돈을 맡겼을 때 돈이 3%씩 불어나는 게 아니고

오히려 실제 가치가 2% 정도씩 깎이고 있는 거야.

너의 급여가 전년도 대비 3% 올랐다면

역시 급여가 오른 게 아니고,

전년도 대비 구매력이 감소한 거지.

우리 삶은 항상 인플레이션과 싸우고 있기에

인플레이션을 이긴 사람들은 조금씩 앞으로 나가는 거고

인플레이션에 패배한 사람들은 자기도 모르는 사이에

조금씩 뒤처지고 있는 거지.

따라서 세상의 룰을 아는 사람들은 한시도 가만히 있지 않고

더 높은 수익률을 통해 화폐 가치의 감소를 이기기 위해

열심히 움직이는 거고,

이러한 룰을 모르는 사람들의 눈에는

그런 사람들의 행동이 이해가 가지 않는 거야.

예를 들어 적금 금리가 3%일 때 주식의 평균 수익률이 5%라면

위험하지 않은 ETF 같은 상품에 투자하는 것도 좋은 방법이야.

또한 꼭 주식 같은 투자상품이 아니더라도

'어떤 투자나 직종이 돈이 된다'라는 말이 돌면

자연스럽게 그쪽 업종으로 사람들이 몰리면서

그 업종의 수익률이 떨어지고, 평균 수익률에 맞춰지는 거지.

지금 학생들과 학부모 사이에 부는

의사 열풍도 이렇게 볼 수 있어.

1. 의사의 수익률이 평균보다 훨씬 높다.

2. 의사 수요가 몰린다.

3. 의사가 되길 바라는 사회적 수요는 사회적 제도를

변화시킴으로써 의사의 정원을 늘리는 방향으로 움직인다.

4. 의사의 수익이 감소하며 사회적 평균 수익률 정도 근처까지 줄어든다.

(단, 의사는 긴 공부와 투자 기간이 필요한 직업이므로, 평균 수익률 정도로 떨어지면 아무도 의사가 되려 하지 않을 것이다. 따라서 평균 수익률 이하가 될 때는 반작용으로 다시 수요를 높이는 방향으로 움직인다.)

이해가 되지?

이게 바로 우리가 초등학교 때 배운,

보이지 않는 손이라는 거지.

따라서 노동, 투자, 사업이라는 건

인플레이션을 이길 수 있는 돈의 흐름을 찾아다니는 것,

이게 핵심이라고 할 수 있을 거야.

현대사회의 신용화폐 사회에 살고 있는 우리들은

인플레이션을 이기기 위해 조금 더 유연한 사고를 하고

상황에 맞춰 재빠른 포지션 변경을 해야 하는데,

투자소득보단 노동소득이 진짜 소득이다.

집은 사는(buying) 게 아니고 사는(living) 거다.

주식에 손대면 패가망신한다.

이러한 잘못된 가치관이나 과거의 경험에 갇혀 있기 때문에

스스로를 좁은 공간 안에 가두게 되는 거지.

따라서 인플레이션이 국가가 개인에게 행하는

합법적인 폭력이라면

투자는 개인이 국가에 대항할 수 있는

유일한 방패라고 할 수 있을 거야.

그렇다면 우리 사회에서

가장 높은 수익률을 낼 수 있는 수단은 뭘까?

아마 네 머릿속에 떠오르는 그게 맞을 거야.

바로 부동산이지.

우리나라 부동산은 40년대 나라가 생긴 이후부터

등락은 있을지언정 항상 우상향해 왔어.

혹자는 이걸 두고

우리나라 국민들의 비정상적인 땅에 대한 사랑,

혹은 투기 세력이라고 폄하하는데, 그런 게 어딨어?

투자자는 돈이 된다고 하면 몰리고,

돈이 안 된다면 냉정하게 떠나는 건데.

우리나라에서 부동산으로 돈이 몰린다는 건

부동산이 다른 것들에 비해

훨씬 좋은 평균 수익률을 내왔다는 거고

우리가 그 이유에 대해 어느 정도는 알아야

올바른 투자를 할 수 있을 거야.

나라 안에 부자가 많아지기 위해서는
그 나라에 돌아다니는 돈이 많아져야 하지.
경제 규모가 커지고 GDP가 올라간다는 건
바로 나라에 돌아다니는 돈이 많아진다는 걸 의미해.
보통 부자들은 돈이 많아지면
그 돈을 종이 화폐가 아닌
'진짜 자산'으로 바꿔서 저장하게 되는데,
돈을 많이 벌었다는 건
인플레이션과의 싸움에서 승리했다는 의미이기에
당연히 '가짜 자산'인 종이 화폐를 싫어하게 되어 있어.
그럴 때 흔히 우리가 돈을 저장하는 곳이
부동산이나 금 같은 실물자산, 혹은 주식 등의 금융자산이야.

우리나라 화폐는 전 세계에서 쓰이는
기축통화가 아니기 때문에,
우리나라 화폐는 대부분 우리나라 안에서만 돌기 마련이야.
따라서 경제 규모가 커지거나 화폐 발행량이 늘어나서
시중에 돌아다니는 화폐가 증가하게 되면
당연히 나라 안에 있는 어떤 자산에 돈이 저장되면서
자산가치가 증가하게 되어 있는 거고

돈은 보통 실물자산이나 주식 등의
금융자산으로 흘러 들어가게 되지.

하지만 우리나라는 태생적으로
금융자산에 돈을 저장하기가 매우 불리한 나라야.
기본적으로 휴전 국가라 외국자본이 들어오기 어렵기도 하고
IMF 사태 이후로 우리나라 금융은
외국자본의 놀이터 같은 곳으로 변신했거든.
애초에 IMF 라는 게, 달러를 빌려주는 대신에
그 나라에 서구자본이 침투하기 쉬운
빨대를 설치해 주는 기관이기 때문에
그때 이후로 우리나라의 여러 대기업은
외국자본에 잠식당한 상태고
서민들을 상대로 한 약탈적 금융 기법들도 결국
대주주인 외국자본들의 이익을 위해서 발달하게 되었어.

따라서 우리나라 주식시장이 커지면 커질수록
우리나라의 부는 빠져나가고
외국자본의 배만 불리는 일이 되기 때문에
우리나라 부의 대부분은 외국인의 침투가 어려운
부동산 시장으로 흘러 들어가게 됐고
실제로 전 국민의 재산은 70% 정도가 부동산에 묶여 있는 상태야.

어린 친구들은 집에 가서 부모님한테
"우리집 재산 뭐 있어요?" 물어보면 아마
"지금 네가 엉덩이 깔고 있는 집을
은행이랑 사이좋게 노나 가지고 있다"
라고 얘기하실 거야.

거기다 우리나라는 국토 역시 작은 나라라
다른 큰 땅덩이를 갖고 있는 나라들에 비해 부의 밀도도 훨씬 높고
강남을 중심으로 아래 급지까지 쫙 줄을 세워
가치를 평가할 수 있기에 환금성도 매우 좋아.
돈 있는 사람들 입장에서는
부동산만 한 현금 저장소가 없는 거지.

그리고 그건 국가 입장에서도 마찬가지야.
금융시장은 외국자본의 자본 수탈을 막기 어려운 반면
부동산은 정책으로 수요와 공급을 컨트롤해서
가격을 조정하기도 쉽지.
정부가 부동산 시장을 조절하기 어렵다고
생각하는 사람들도 있는데, 아니야.
역대 정부들은 다 의도대로 부동산을 컨트롤해 왔어.
우리나라의 기업, 은행, 개인 등 모든 존재는
부동산과 각종 금융상품으로 엮여 있기 때문에

우리나라에서 부동산이 폭락한다는 건
집안 기둥이 뽑히고 나라가 무너지는 것과 같다고 할 수 있어.
강남 부동산이 지나치게 떨어졌더니
어라? 갑자기 은행이 망해서 내 돈이 인출이 안 되네?
이런 상황이 생긴다는 거지.

따라서 지나치게 부동산이 떨어져
금융 시스템이 무너지려는 상황이 오면
우리나라는 어쩔 수 없이 정부가 개입하여
부동산을 부양할 수밖에 없는 구조로 되어 있어.
그게 이번 2023년 초에 우리나라 부동산이
폭락 속에서 반등한 이유이기도 하고.

금융 시스템의 붕괴는 사회의 붕괴와 같으므로
정부는 화폐를 더 발행하고 물가가 오르더라도
일단 급한 불은 끌 수밖에 없는 구조인 거야.
따라서 우리나라 화폐가 우리나라 안에서만 도는 한
우리나라에서 부동산은
가장 강력한 인플레이션 방어 수단이 될 수 있다는 거지.
그게 바로 대한민국의 부동산 사랑의
가장 강력한 이유라고 할 수 있을 거야.

정치와 투자는
떼어놓을 수 없다

내가 별로 안 좋아하는 말이 있어.

투자할 때 정치 얘기는 왜 하는 거야?

간혹 이런 얘기를 하는 사람들이 있는데,
투자를 논하는 데 있어서 정치를 뺀다는 건
수학을 설명하면서 숫자를 빼고 설명하는 것과 같아.
한마디로 말도 안 되는 소리지.

하지만 안타깝게도 사람들은 이미 어렸을 때부터 형성된
정치라는 틀 속에서 세상을 바라보기 때문에
투자에 있어서 잘못된 판단을 내리는 경우가 너무나 많지.
이렇게 우리의 생각을 제한하는 틀을 깨버리고
좀 더 유연한 사고로 세상을 바로 볼 때
우리는 비로소 올바른 투자를 할 수 있게 될 거야.

정치는 투자 환경에 어떤 영향을 미칠까?

애초에 투자라는 건 낚시와 비슷하다고 할 수 있어.

경제라는 커다란 돈의 순환고리에서

돈이 많이 흐를 곳에 걸터앉아 낚싯줄을 드리우는 것과 같지.

여기서 정치는, 필요에 따라 돈의 양을 늘려주기도 하고

돈의 흐름을 바꿔주는 역할을 하기도 해.

그런데 이렇게 중요한 정치를 모르고 투자하는 게 말이 되겠니?

대부분의 국민이 나라에 원하는 것은 경제적 풍요이기 때문에

정부는 표를 받기 위해 어떻게 해서든 경제를 발전시키고

시장에 돌아다니는 돈을 늘리려 노력을 하는 거고

그런 노력이 어떤 식으로 이루어지는지를 알아야

우리는 좀 더 똑똑한 투자를 할 수 있을 거야.

사람들은 국가의 경영이라는 걸 복잡하게만 생각하는데

사실 그렇게 복잡할 게 없어.

옛말에 '수신제가 치국평천하'라고 있잖아.

나를 다스리는 것과 가정을 다스리는 것, 국가를 다스리는 것은

크기의 차이만 있을 뿐이지, 사실 방식은 큰 차이가 없지.

그럼 가정의 운영을 통해 돈의 흐름이 정치적 판단에 의해

어떤 식으로 움직이는지를 한번 생각해 보자.

경제활동의 주체는 기업, 정부, 국민이므로
이걸 전통적인 가정의 역할에 비유하자면

아버지는 기업

어머니는 정부

자식은 국민

이라고 할 수 있을 거야.
집안의 경제 규모가 커지기 위해선,
즉 집안에 돌아다니는 돈이 많아지기 위해선
아버지가 밖에 나가서 열심히 돈을 벌어와야 하지.
어머니는 그 돈을 현명하게 잘 관리하여 살림을 꾸려나가고
자식은 부모 말을 잘 듣고 본인의 책무를 다할 때
가정은 잡음 없이 잘 굴러나가게 돼.
나라로 치면 밖에서 기업이 열심히 돈을 벌어오고
정부는 기업과 국민이 낸 세금을 효율적으로 운용하고
국민은 열심히 일하고 소비를 하고, 세금을 내는 것처럼 말이야.

따라서 올바른 국가의 방향은
기업을 키워 외국에서 돈을 벌어오고
그렇게 경제 규모가 커지다 보면
자연스럽게 국민소득이 올라가며

빈곤한 국가 사람들이 시급 1000원 2000원을 받을 때
시급 1만 원을 받을 수 있는 국가가 되는 거야.
그리고 그에 맞춰 생활 수준도 올라가는 거지.

하지만 앞서 말한 바와 같이
기업이, 아버지가 돈을 직접적으로 버는 것 외에
한 가지 더 경제 규모를 키우는 방법이 있어.
바로 빚을 내는 방법이지.
그럼 꼭 돈을 벌어오지 않아도
카드 돌려막기만으로 가정을 꾸려나가는 게 가능해지지.
단, 길게 지속되기 어렵다는 게 문제야.

가정을 생각하는 부모들은 과도한 빚을 내는 걸 피하려 하겠지만,
정치인들은 당연하게도 빚을 내는 걸 더 좋아해.
어차피 자기 돈이 아니니까
빚을 내서라도 재정을 늘리지.
자기가 운용할 수 있는 돈이 늘어날수록 권력도 늘어나는 거잖아.
그렇게 늘어난 빚은 일시적으로
경기가 호황인 것처럼 눈속임을 하지만
결국 더 큰 양극화를 불러오고,
빚잔치가 끝난 후엔 엄청난 충격이 돌아오게 되어 있어.

빚이란 건 크게 세 가지 종류로 나눌 수 있어.

아버지의 빚(기업부채)

어머니의 빚(국가부채)

자식의 빚(가계부채)

정부가 빚을 낼 때는 주로 국채를 이용하는데
빚을 내고 싶다고 마음대로 낼 수 있는 건 아니고
충분히 국가적 신용이 있을 때 타국에서 국채를 매입해 주지.
신용이 있는 사람만 돈을 빌려주는 것처럼 말이야.

정부가 기업의 부채를 늘리고 싶을 때는
사실상 강제하기가 어려워.
기업한테 강제로 기업채를 발행하고
고용과 투자를 늘리라고 할 수 없기 때문에,
정상적인 자유주의 국가에서는 하기 힘든 일이지.
하지만 자유가 제한되는 공산주의 국가로 갈수록
기업을 이용한 강제 경기부양이 가능해.
중국이 그런 경우인데, 강제로 기업의 부채를 늘려
지방정부의 부채를 메꾸는 식으로 나라를 운영할 수 있지만
그 대가로 기업의 비효율과 의욕 상실을 불러오게 되지.
그렇다면 정부에서 가계부채를 늘려서

경기를 부양하고 싶을 땐 어떻게 할까?

생각보다 어렵지 않아.

바로 은행의 가계대출을 늘려주면 되는 거야.

예를 들어 말로는 서민경제를 위한다면서

신용카드 발급조건을 낮춰 준다거나, 전세대출을 완화해 주거나

혹은 부동산 구입 시 대출 조건을 완화해 주는 방식으로

경기를 부양시킬 수가 있지.

근데 이런 방식은 당장의 경기부양 효과는 있지만

양극화를 벌리게 되어 있어.

왜냐하면 빚으로 경기를 부양할수록 임금은 그대로인데

부동산 등의 실물자산만 자극하게 되어 있거든.

따라서 이런 방식의 경기 부양은 시기에 따라

위기를 넘기기 위해 아주 급한 경우에만

잠깐 사용해야 하는 방식인데,

무분별하게 사용되다 보니

자꾸 나라 안에서 양극화가 더 벌어지는 거야.

이러한 정부의 경기부양 방식을 이해하면

단순히 정치인들의 겉으로 드러나는 말에 속지 않고

앞으로의 돈의 흐름을 예측할 수 있어.

우리가 개별 주식 종목을 사거나

특정 지역의 부동산을 살지 말지 정하는 건 미시적인 영역이고

앞으로 우리나라 전체 통화량이
증가할지 줄어들지를 먼저 알고 있어야
정확한 리스크를 판단할 수 있겠지.
보통 통화량은 일시적으로 감소할 수는 있어도
미국의 인플레 수출로 인해 다시 우상향하기 때문에
거시적 경제의 흐름을 파악하면서 리스크 관리를 하고
너무 엉뚱한 투자만 하지 않는다면
항상 이기는 투자를 할 수가 있게 되는 거지.

특히 투자의 커다란 기회는 나라의 발전보다는 표를 우선시하는
포퓰리즘 정권에서 오게 되는데
포퓰리즘 정부는 항상 부채 증가를 통한 분배에 집중하고,
이는 결국 통화량의 증가를 불러오기 때문이야.
통화량과 부채의 증가는 결국
자산시장의 상승, 양극화를 불러오는 거지.

그리고 이런 양극화는 사회에 있어서는 불행이지만
투자자로서는 기회가 되기도 해.
정부가 빚을 내고, 비정상적인 방법으로 통화량을 늘릴 때는
우리나라의 경우 경제 구조상 거의 모든 돈은
가장 요지에 있는 부동산으로 몰리게 되어 있어.
사람들은 사업을 해서 돈을 벌어도 부동산을 사고

주식을 해서 돈을 벌어도 부동산을 사고
부동산으로 돈을 벌어도 부동산을 사거든.
그럼 가장 쉬운 투자는, 당연히 부동산이 되는 거야.
우리나라에서 사람들의 가장 욕심을 자극하는 곳,
강남의 대장 입지를 보고
투자 여력이 안 된다면 그보다 낮은 단계의 입지를,
그게 안 된다면 용산의 대장 입지를, 성동구를, 마포구를……
그렇게 시기만 다를 뿐이지
결국에는 통화량에 따라 순차적으로 오르게 되어 있지.

물론 이런 상급지 투자는
여력이 되는 사람들만 할 수 있기 때문에,
부자들은 더 큰 부자가 되기가 쉽고
그렇지 않은 사람들은
필사적으로 빚을 낼 수 있도록 신용을 쌓거나
아니면 리스크가 큰 투자를 통해 자본을 마련하게 되는 거지.
그리고 그런 양극화는 다시 포퓰리즘 정권의 인기를 올리고
또다시 통화량을 늘려 양극화를 더욱 벌리는 거야.

사실 정치인들을 욕할 것도 없는 게
어린아이 같은 국민들은 정부가 기업을 키워 부양하든,
아니면 빚을 내서 부양하든

별 관심이 없는 사람들이 태반이기 때문이야.
우리가 어렸을 적 부모님의 고충을 이해 못한 것처럼 말이지.

그렇기 때문에 빚은 늘어나고
국민연금은 점점 고갈되고
의료보험 재정도 점점 고갈되고
자산시장은 더욱 양극화되지만
국민들은 자신들의 책임에 대해 생각은 안 하고
정부에 화만 내면서
정부가 지금이 아니라 미래 세대에게 짐을 지우는
폭탄 돌리기를 계속하기를 원하는 거야.
그러면서 정치인을 욕하고, 기업인을 욕하고,
입으로는 자기 자식에겐 지금보다 더 좋은 세상을
물려주길 원한다고 하니, 얼마나 이율배반적이니?

따라서 우리는 쓸데없는 원망이나 선악의 관념을 내려놓고
정치를 좀 더 멀리서, 한 발자국 뒤에서 바라보고
경제의 흐름을 파악하며 투자를 해야만
진정으로 잃지 않는 투자를 할 수 있어.
경제와 정치는 한 몸처럼 움직이는 거니까 말이지.

애초에
투자라는 건
낚시와 비슷하다고
할 수 있어. 경제라는
커다란 돈의 순환고리에서
돈이 많이 흐를 곳에
걸터앉아 낚싯줄을 드리우는
것과 같지. 여기서 정치는,
필요에 따라 돈의 양을
늘려주기도 하고 돈의
흐름을 바꿔주는 역할을
하기도 해. 그런데 이렇게
중요한 정치를 모르고
투자하는 게 말이
되겠니?

*

투자의 공포를
이겨내는 방법

투자에서 우리에게 가장 큰 기회가 올 때는

남들이 모두 절망의 늪에 빠져 있을 때야.

하지만 그걸 알고도 실행까지 옮기는 데는

많은 지식과 용기가 필요하지.

이번에는 최근의 투자 사례를 통해,

어떤 식으로 공포를 이겨내고

투자를 할 수 있는지에 대해 말해볼게.

2023년 1월은 커다란 기회의 장이었어.

시장이 하락을 멈추고 변곡점을 찍는 시기였지.

하지만 동시에 자산시장에 대한 공포가 절정에 달할 때였고

대부분의 사람들은 기회를 놓칠 수밖에 없었지.

그때 나는 어떻게 기회를 잡을 수 있었을까?

2021년 말부터 시작된 부동산 하락은

2022년까지도 멈추질 않았는데, 그건 이미 예견된 하락이었어.

왜냐하면 우리나라 전체 부동산 가격은

보통 통화량과 비례해서 상승하게 되어 있는데

2021년에는 잘못된 부동산 정책으로

통화량에 비해 1.5배가 넘는 상승이 일어나 버렸기 때문이야.

그리고 그 상태에서 미국이 정책을 선회하여

고금리 정책을 폈으니, 당연히 집값은 떨어질 수밖에.

장작 없는 불이 타오를 수 있겠니?

돈이 공급 안 되는데 어떻게 집값이 오르겠어.

사람들은 전부 공포에 질렸지.

2022년 말에 이르러서는 미국에서의 급격한 금리 인상으로

달러가 1400원을 넘어섰고,

정부는 이도 저도 못하는 상황이었지.

금리를 올려 환율을 안정시키자니

코로나 시기에 누적된 부채 폭탄이 터질 것이고,

금리를 내려 부동산 시장을 안정시키자니

환율에 눌려 외환위기가 올 상황이었거든.

그때 2022년 하반기에 중요한 뉴스가 나왔지.

사람들에겐 별것 아닌 뉴스였겠지만,

나에겐 천금 같은 뉴스였어.

바로 전 세계적인 시장의 위기에도

미국의 국채가 생각보다 안 팔린다는 뉴스였지.

본래 미국이 고금리를 장기간으로 가져가면서도

경제적으로 버틸 수 있는 이유는

앞서 말한 대로 일본이나 중국 같은 국가에서

미국 국채를 사주기 때문이야.

미국에서 금리를 급격하게 올릴 땐

항상 전 세계에 시장 발작이 일어나면서

달러가 귀해지는 현상이 일어났지.

실제로 2022년에는 환율이 1440원까지 오르기도 했고.

하지만 미국과 중국의 무역분쟁은 중국의 탈달러를 부추겼고,

중국은 미국 국채를 던지기 시작했어.

미국 국채가 안 팔린다는 건 미국의 빚을 받아주지 않는다는 것,

즉 달러 가치가 떨어질 거라는 얘기였고

이때가 달러의 변곡점이라는 걸 예측할 수 있는 기사였던 거지.

환율 문제가 일단 해결된다면

정부에서는 충분히 부동산 시장을 방어해 낼 수가 있거든.

우리나라의 모든 금융은

대부분 부동산과 묶여 움직이기 때문에,

정부 입장에서 부동산 시장의 지나친 폭락은

내버려 둘 수 있는 옵션이 아니야.

만약 환율이 안정되지 않았다고 해도

정부는 궁극적으로는 환율을 포기하고라도
일단 시장을 살리는 데 집중했을 거야.
집값이 떨어져 은행이 다 망해버리면
환율을 지켜봤자 무슨 의미가 있겠어?

근데 2022년 말에는 환율까지 안정화된 상태이니
정부의 행동은 손바닥 보듯이 예측하기 쉬웠지.
정부에서는 집값의 경착륙을 막기 위해
통화량을 급격히 늘렸어.
2022년 1년 만에 약 20% 정도의 통화량을 늘린 거야.
집값은 약 30% 정도 빠진 상태였는데,
2021년에 약 1.5배 이상 오버슈팅된 집값을 생각하면
그 정도가 딱 적정가였지.
그때가 2023년 1월쯤이었는데
정부는 그 상태에서 부동산의 미분양을 막기 위해
다주택자 대출 규제 완화 카드를 꺼내들었고,
바로 그게 신호였어.
정부는 이 밑으로는 더 이상 집값이 하락하는 걸
원하지 않는다는 의미였지.

누군간 부동산을 빚으로 부양한다고 돌을 던지겠지만
그건 너무 단편적인 시각이야.

당시 전국적으로 부동산 미분양이 넘치고, PF대출이 연체되고,

건설사가 도산할 위기였는데, 그걸 내버려 뒀다면

기업과 은행의 연쇄 도산으로 경제 자체가 붕괴됐을 거야.

정부로서는 해야 할 일을 한 거지.

당시 분양 아파트 중 대장은 둔촌주공이었는데

정부 입장에선 어떻게 해서든 둔촌주공만은 살려야

그다음 분양 아파트를 받아줄 수요자가 나올 거라 생각했겠지.

둔촌주공이 미분양이 나버리면

다른 분양 아파트는 어떻게 되겠어?

줄줄이 다 망하는 거지.

따라서 이런 경제적 계산 끝에

나는 용기를 갖고 투자시장에 뛰어들 수 있었던 거야.

지금이 자산시장의 변곡점이고 정부의 의도를 파악한 이상

가장 요지의 부동산에 엉덩이를 깔 수만 있다면 결과는 명확했지.

이미 늘어난 통화량은 주워담을 수 없는 거고

앞으로도 등락은 있더라도 정부가 그어놓은 선 이하로

가지는 않을 거라는 확신을 가질 수 있었어.

아무 생각 없이 단순히

용기만으로 뛰어들었다면 도박이었겠지만,

흐름을 보고 뛰어들면 투자가 될 수 있는 거지.

그리고 이런 부분이 바로 우리가 투자를 함에 있어서
경제의 전반적인 흐름을 파악해야 하는 이유인 거야.
공포는, 지식과 통찰로 이겨내는 거지.

2부

세상을 살아가는 왼쪽 날개,

정의와 도덕

5

선한 것들이 우리를 지배한다

현대사회의 새로운 통치 방법,
정의와 도덕

우리는 항상 균형 잡힌 시각으로 세상을 바라볼 필요가 있어.
이성과 감성, 성장과 분배, 돈과 사랑,
모두 조금만 치우쳐도 잘못된 방향으로 가버리기 쉽지.
애초에 한쪽으로 치우쳐 살아가는 건 쉬운 일이지만
균형이라는 건 끊임없이 자신을 되돌아보고
몸의 위치를 바꿔줘야 하기 때문에 절대 쉬운 일이 아니야.

따라서 지금까지 우리 삶을 지탱해주는 오른쪽 날개,
자본주의에 대해 얘기했다면
여기서부터는 우리 몸의 균형을 잡아주는 왼쪽 날개,
정의와 도덕의 정확한 의미에 대해서 생각해 볼 거야.

이미 알고 있다고? 아니야, 아니야.
안타깝게도 현재를 살아가는 사람들은 정의와 도덕에 대해서
너무나 편협하고 잘못된 시각을 가진 경우가 많아.
이건 단순히 개인의 잘못만은 아닌 게,

악한 정치인과 기업들이 정의와 도덕이라는 무기를
우리 삶을 지배하고 통제하는 도구로
오랫동안 악용해 왔기 때문이야.

인류의 역사를 자세히 살펴보면 그 흐름은
국가와 개인 간 권력 투쟁의 역사라 해도 과언이 아니지.
국가는 통제를, 개인은 자유를 얻기 위해 끊임없이 싸워왔어.
개인이 수천 년간 피를 흘려
재산권의 자유, 거주의 자유, 정치의 자유를 쟁취해냈건만
후세대인 우리는 숨 쉬듯 당연하게
자유를 누리는 사회에 살고 있기에
그 소중함에 대해 전혀 깨닫지 못하고 있을 뿐이지.

우리나라를 포함해서 현대 사회의 선진국 국민들은
자신의 삶을 천천히 좀먹는 국가의 통제를 눈치채지 못한 채
조금씩 조금씩 국가에게 권리를 내주고 있을 뿐만 아니라,
심지어 어떤 사람들은 오히려 정치인의 팬이 되어
자신의 목줄을 국가라는 포식자에게 갖다 바치기도 해.
왜 그런 걸까?

왜냐면 우리는 정의와 도덕이라는 가림막에 가려진
진짜 본질을 꿰뚫지 못하기 때문이야.

겉으로 드러나는 것들이나 명분들은
사실 그 밑에 다 칼이 숨어 있고
본질과 전혀 다른 것들 투성인데 말이야.
한번 생각해 보자고.

재는 정말 여우 같은 애야.
재는 정말 바르고 착실한 애야.

누가 더 영리한 친구일까?
순간의 이익으로 자신의 평판을 떨어뜨리고
남에게 자신의 속마음을 들키는 사람이 더 여우 같은 걸까,
아니면 사회의 평판을 고려해서 자신의 결점을
철저히 밖에 드러내지 않는 사람이 더 여우 같은 걸까?

사회 속에 숨겨져 있는 진짜 모습을 끄집어내려면
우리는 우리가 무의식적으로 좋다고 생각하고 있는 것들,
어느새 네 머릿속에서 당연한 듯이 집주인 행세를 하고 있는
도덕적 가치관들의 본질에 대해서 정확히 알 필요가 있어.
한번 알려진 사기법은 더 이상 통하지 않는 것처럼,
사람들은 더 이상 과거의 권위적이고 억압적인 방식으로
지배당하지 않기 때문에,
정부와 정치인들은 항상 새로운 방법으로 국민들을 통제하거든.

그리고 지금, 2023년을 살아가는
우리의 삶을 가장 많이 통제하고 지배하는 게
바로 정의와 도덕이라는 정치적 어젠다야.

여기부터는 우리 눈을 가리는 가림막들을 하나씩 벗겨내고
조금 더 사회, 정치, 경제, 문화, 인간관계의
본질적인 부분을 살펴보도록 하자.

미국은 과연
자유주의 국가일까?

난 환경보호보다 개발이 더 중요하다고 생각해.

난 흑인이 싫지는 않지만 영화에 자꾸 흑인만 나오는 건 싫어.

난 뚱뚱한 것보다 날씬한 게 좋아.

난 게이, 트랜스젠더, 레즈비언을 혐오하진 않지만

내 자식이 그렇게 되는 건 싫어.

난 인권도 좋지만 안보가 더 중요하다고 생각해.

음…….

사실 이 5줄을 쓰면서 손이 벌벌 떨리고 식은땀이 나고

몇 번을 망설이고 고쳤는지 몰라.

그리고 다시 한번 느꼈지.

아, 역시 그랬어.

나는 어쩌면, 자유주의 국가에 살고 있던 게 아니었구나.

일찍이 미래 독재사회의 모습을 그려낸

두 가지 소설이 있었어.

하나는 조지 오웰의 『1984』야.

수업 시간에 자지만 않았다면 모르는 사람이 없는 책이지.

이 세계에서는 발달된 감시 시스템을 통해

전체를 통제하는 사회를 그려내고 있어.

현대사회에선 중국의 모습과 굉장히 유사하다고 볼 수 있을 거야.

중국에서는 감시 카메라의 AI 기술을 통해

사람들의 얼굴을 판별하고, 그 사람들의 눈 등을 조사해

반사회적인 인물을 걸러내는 시스템을 만들고 있지.

그리고 이번 시진핑 연임을 통해

문화를 검열하고 시진핑 사상집을 강제로 교육하면서

전형적인 『1984』식 전체주의 시스템 국가로 변모하고 있어.

사람들이 무서워하는 것들로 사람들을 통제하는 시스템이지.

다른 하나는 올더스 헉슬리의 『멋진 신세계』라는 책이야.

이건 안 읽어본 사람들도 많을 텐데,

간단히 내용을 정리해 볼게.

이 세계에서 모든 인류는 가정이 아니라

인공수정을 통해 태어나며

인구는 20억 명으로 일정하게 유지돼.

가정이라는 개념은 이미 해체되었으며

아버지, 어머니라는 개념도 없어져 버렸지.

모든 성적 탐닉은 허용되나

교접을 통한 출산은 더럽고 추접스럽다고 여겨져.

그리고 '소마'라 불리는 약 한 알을 먹으면

최고 수준의 쾌락을 즉시 얻을 수 있어.

마치 요즘 유행하는 펜타닐 같지?

사람들은 모두 이 소마를 배급받으면서 사회에 적응해 살아가.

모든 삶이 통제당하지만

별다른 불만 없이 사회가 유지되는 거지.

『1984』가 우리가 무서워하는 것들로 우리를 통제했다면

『멋진 신세계』는 우리가 좋아하는 것들로

우리를 통제하는 사회를 그리지.

조지 오웰은 우리가 책을 못 읽게 되는 사회를 두려워했지만

올더스 헉슬리는 우리가 책을 안 읽게 되는 사회를 두려워했어.

『멋진 신세계』는 1932년 발간된 소설인데

놀랍도록 현대사회의 모습을 정확하게 표현해 냈어.

바로 미국과 유럽을 포함한 서구사회야.

어렸을 적 영국에 반년 정도 체류해 보고 놀랐던 적이 있었지.

아니, 얘네들은 왜 이렇게 일을 안 해?

'헬반도' 출신이 보기엔 서비스 정신도 없고

6시만 되면 셧다운되는 선진국형 사회 시스템이 이해가 안 됐어.

막 선진국이라서 그런 건가?

백인들은 우월해서 적게 일해도 더 효율이 잘 나오는 건가?

응, 그냥 게으른 거였어.

선조들이 물려준 거 파먹으면서 살고 있었던 거지.

상식적으로 하루 50시간, 60시간 일하는 나라가

더 잘살아야 하는 거잖아?

그게 성실성에 대한 보답이기도 하고 사회 정의에도 맞지.

근데 몇십 년이 지난 지금 와서 생각해 보니까

얘네들은 그때부터 계속 따라잡히고 있던 거였어.

국가 GDP만 봐도 확연히 알 수 있지.

2000년대 초만 해도 전 세계를 미국과 양분하여

전 세계의 1/4을 차지하던 유럽의 경제 규모는

2023년 현재 약 1/8로 현저히 줄어들었어.

개발도상국 초기에는 경제개발을 위한

독재 전체주의가 성행하지만

반대로 선진국 말기에는 지나친 자유 때문에 오히려

국가의 경쟁력을 떨어뜨리는 전체주의가 되어 버려.

미국과 유럽은 이미 자유주의를 가장한

전체주의 국가로 변해가는 중이지.

인공수정은 보편화됐고

심지어 아이의 성별조차도 결정할 수 있어.

생산성의 기본단위인 가정의 의미는 이미 희미해졌고

LGBT로 대표되는 PC주의는

반대 의견을 내는 것 자체를 막아버리지.

옛날엔 그냥 소소한 사회운동인 줄 알았는데

이게 점점 커지더니 아예 메이저 정치 이슈가 되어 버리더라고.

지금 미국 몇몇 주에선 부모가 아이에게

'너는 남자야, 여자야' 등 특정 성별을 강요하는 걸

불법으로 규정하고 있어.

어떤 주에선 성적 다양성을 가르친다는 명목하에

유치원에 드래그 퀸을 불러서

동화책을 읽어주는 프로그램을 운영하기도 해.

어린애들한테 무슨 짓이냐고?

반대 의견을 내는 사람들은

성소수자 차별이라는 이름으로 입을 막아버리지.

　　　이런 시대에 뒤떨어진 **차별주의자** 놈들아,

　　　입 다물고 있어.

이런 사회에선 아무도 반대 목소리를 낼 수 없겠지.

나라가 발전하려면 제일 중요한 게 생산성인데
안타깝게도 성소수자는 옳고 그름을 떠나
아이를 만들 수 없기에 생산성과 반대의 위치에 있잖아.

나라가 발전하기 위해선 강한 군대도 필요해.
하지만 인권과 평화라는 이름하에
미국에서는 군인에 대한 존경도 점점 사라지고 있어.
두 사람이 사람들 앞에서 자기 주장을 한다고 생각해 봐.

군인은 인권보다 안보가 우선이다

vs. 군인의 인권은 소중하다

둘 중 어떤 사람이 더 이타적인 사람일까?
인권은 나라가 외적으로부터 지켜질 때만 지켜질 수 있는 거야.
강한 국방이 인권보다 앞에 있는 거지.
근데 자신이 도덕적으로 비난받을 걸 감수하고
필요한 말을 하는 사람이 도덕적일까,
자신이 도덕적으로 칭찬받을 걸 알고
스스로 책임지지도 않는
당연한 말을 내뱉는 사람이 도덕적인 걸까.
전자가 많을수록 나라는 팽창하고
후자가 많을수록 나라는 쪼그라들지.

환경을 보호한다는 명목으로
자국의 산업을 파괴하는 경우도 있어.
RE100이나 기후 협약 등은
모두 서구권의 이익을 지키기 위한 내용이야.

자기들은 이미 화석연료로 사회발전을 끝내놓고
사다리 올라가려는 개발도상국들을
자연보호라는 명목으로 밟아대고 있지.
친환경에너지 자원이 풍부한 유럽 캐나다 등은
이런 협약을 내세워 무역장벽을 치면서 깡패 짓을 하고 있어.
삼성도 결국 부족한 친환경 에너지를 수급하기 위해
미국으로 공장 이전을 할 수밖에 없는 환경에 놓이게 됐지.

하지만 아이러니하게도 결국 이런 위선들이
또한 서구사회의 발목을 잡고 있어.
얼마 전 독일의 폭스바겐은 환경 파시스트들의 강요로
회사 내에 환경운동가를 이사로 앉히고
회사 정책에 관여할 수 있는 막강한 권한을 부여하게 됐어.
이윤을 추구해야 하는 기업이,
이윤과 전혀 상관없는 환경운동가의 허가를 받고
자동차를 만들어야 하는 거지.
안타깝게도 생산성과는 정반대의 행동이야.

왜냐면 소비자들은 말로는 환경을 보호해야 한다고 하면서도
환경을 보호하는 차보다 싸고 질 좋은 차를 좋아하거든.
결국 폭스바겐, BMW, 아우디 등 독일 자동차 회사들은
규제를 피해 점점 중국으로 공장과 회사를 이전하는 중이야.

이런 자유와 정의, 도덕을 가장한 사회주의 운동들은
이미 서구권 전체를 지배하고 좀먹고 있어.
그리고 그 결과는 생산성의 저하와 정치의 부패,
그리고 아무도 중요한 것들에 관심 없는 사회를 만들고 있지.
적절한 균형이 중요한 거 아니냐고?
안타깝게도 한번 정해진 방향성은 뒤로 돌아가지 않아.
개인은 피나는 노력으로 바꿀 수도 있지만
국가는 질량이 너무 커서 한번 정해지면
정해진 방향대로 갈 수밖에 없어.

환경을 보호하다 보면 결국엔
아무것도 개발할 수 없게 되지.
인권을 보호하다 보면 결국엔
군인에게 어떤 명령도 내릴 수 없게 되고
성소수자를 보호하다 보면 결국엔
그들에게 어떠한 쓴소리도 할 수 없게 되는 거야.

누군가는 군인은 군인다워야 한다고 하고
누군가는 가정의 소중함을 가르쳐야 하고
누군가는 성적 자유보다 절제의 중요성을 가르쳐야 하지만

그 얘기를 입 밖에 내는 순간
PC라는 이름의 칼로 사회적으로 난도질 당하고
정치권은 또 그걸 이용해 본인들에게 유리한 법들을 만들지.
그리고 그렇기에 지금의 미국과 유럽은
어떤 약도 통하지 않는 말기 암 환자가 되어 버린 거야.

군인이 존경받을 때 시민들은 안심하고 생산활동에 매진하고,
사람은 지킬 가정이 있어야 열심히 일하고 생산성이 올라가.
어머니도, 아버지도 없고 군인도 필요 없다는 사회가
얼마나 오래갈 수 있을까?

때문에 지금의 미국과 서방 대 중국과 러시아, 브릭스를 필두로 한
나머지 국가들의 싸움을 이해하기 위해선
단순한 경제지표나 구시대적인 이분법적인 이념으론
이해할 수가 없는 거야.
결국 지표나 이념이 아닌 사람을 봐야 이해할 수 있는 거지.
왜 미국과 서방은 약해지는가?
답은 자유주의 국가가 아니기 때문이지, 뭐.

억압된 자유는 생산성을 저해시키지만

지나친 자유도 생산성을 저해시켜.

마치 어린아이가 생산성이 떨어지듯이,

그리고 나이 든 노인이 생산성이 떨어지듯이.

지금 우리나라의 위치는 어디에 있을까.

내 생각엔 요새 점점 SNS에서 의견 표현하는 게

힘들어지는 것 같던데.

사람들이 다들 칼을 들고 돌아다니는 것 같아.

정의란
무엇인가

사람들은 불의한 정부와 기업, 사회에 대해 욕을 하곤 해.

근데 사실 그렇게 사회 욕하는 친구들의 면면을 살펴보면

그 친구들 삶이 또 그렇게 정의롭지도 않단 말이지.

그런 친구들이 모여서 사회가 되고,

기업이 되는 걸 텐데 말이야.

우리가 위선자가 되지 않기 위해서,

그리고 보다 큰 뜻을 품고,

정의로운 사회를 만들기 위해서는

정의가 뭔지부터 정확히 짚고 넘어갈 필요가 있어.

우리 사회에서 정의란 건 대체 뭘까?

사실 정의에는 정해진 정답이란 게 없어.

본디 정의란 건 고무줄처럼 늘어났다 줄어들었다 하기도 하고,

남을 찌르는 칼로 쓰이기도 하는 거거든.

하나씩 생각해 보자고.

사람을 죽이는 건 나쁜 건가?

응, 나쁜 거지.

그럼 김구 암살범 안두희를 정의봉으로 때려죽인

정의로운 박기서는 나쁜 건가?

그건 달라? 봐봐.

정의란 게 엿가락처럼 신축성이 있는 거잖아.

때에 따라 살인조차도 정의가 될 수 있잖아. 그렇지?

사형이 나쁘다곤 하지만, 사형이 없고 형량이 물렁하면

온갖 범죄자들이 다시 사회에 뛰쳐나와서

사회를 병들게 하기도 해.

원래 정의란 건 시간, 장소, 인종, 국적, 성별, 계급에 따라

이랬다가 저랬다가 왔다 갔다 해서,

자기 기준으로 선악의 기준을 갖고 세상을 보는 친구들은

100% 위선자가 될 수밖에 없어.

맨날 새침한 표정으로 '난 이런 이런 사람은 너무 싫어.'

이런 소리 하는 친구들 말이야.

우리 코로나 시기에 다들 마스크 쓰고 다녔지?

마스크 안 쓰고 다니면 눈치도 주고

지하철에 마스크 안 쓴 사람 있으면 달려가서는

아저씨, 마스크 좀 써요.

거 '남들도' 좀 생각합시다.

이러면서 면박도 주고 그랬잖아.

근데 사회적 거리두기와 봉쇄,

백신으로 인한 사회적 비용으로 죽는 사람의 수가

코로나에 걸려 사망하는 숫자보다 많을 수 있다는 걸 아니?

미국경제연구소가 발표한 연구 결과에 따르면

미국의 실업률이 1% 증가할 때마다

우울증과 진통제 과다복용으로 인한 사망률이

3.6% 증가한다고 해.

미국에서는 코로나 봉쇄로 실업률이 20%까지 치솟았고

캘리포니아의 한 병원에서는 봉쇄가 시행된 기간 중 한 달 동안

1년 치의 자살 시도 환자가 실려 왔다고 하더라고.

우리나라도 사실 다를 바 없었지.

코로나 방역으로 인해 파산한 가게와 자살자 수, 백신 피해자들은

몇 명인지도 모르고 굳이 집계할 의지도 없지.

정부가 양쪽의 목숨 중에서

어떤 기준으로 결정을 내려야 옳았을까?

예상 사망자 수?

아니면 죽을 사람들의 생산활동 기간을

기준으로 결정해야 했을까?

아니, 그냥 정부가 제일 욕을 덜 먹을 선택을 했지.

사람들은 자기 눈에 보이는 죽음에만 화내고 분노하잖아.

'눈에 보이지 않게 죽는 사람들을 위해' 경제가 먼저라고 말하면

깨어 있는 시민들이 정의봉 들고 몰려올 텐데

다른 선택지가 있었겠어?

그런 면에서 우리들이 어리석다고 비웃었던,

봉쇄를 포기하고 집단면역을 선택한 스웨덴 정부와

그걸 받아들인 스웨덴 국민은

한 단계 높은 차원의 국민성을 갖고 있다고 할 수 있을 거야.

정부만 나쁜 건가? 아니지.

많은 사람이 일조했잖아.

코로나 시기에 사람들의 정의로운 선택적 행동들이

누군가의 가정을 파괴하고 사람들을 강제적 자살로 내몰았지만,

사람들에게 코로나는 이미 지나간 일이 되어 버렸는걸.

요새 우리나라 미세먼지 많이 날아오지?

뭐, 중국 때문인 건 다 알지만 별 수 있어?

그냥 마시면서 살고 있지.

환경을 사랑하고 아끼는 친구들은

중국의 이런 파렴치하고 반환경적인
미세먼지와 탄소배출에 대해서 분개하고 있잖아.
그리고 그걸 해결하지 못하는 무능력한 정부에
돌멩이를 던지기도 하지.

근데 사실 전 세계에서 탄소를 가장 많이 '배출'하는 나라 말고,
가장 많이 '쓰는' 나라가 미국과 유럽인 건 알고 있니?
2010년대 기준 전체 소비의 50%를
미국과 유럽 시장에서 차지하고 있는데,
그 친구들이 사는 자동차, 옷, 신발, 가전 가구,
모두 자국의 환경을 지키기 위해 아시아에 박아 놓은,
탄소를 마구 뿜어대는 나쁜 공장의 저렴한 물건들이잖아.
즉, 먹는 입은 선진국이고
싸는 똥구멍은 개발도상국이라고 할 수 있어.
입이 똥구멍한테 더럽다고 욕하고 있네?

우리나라는 어떨까?
우리나라는 전 세계 소비시장의 1.5%,
5000만 국민이 전 세계의 1.5%를 쓰고 있으니
70억 인구의 평균 사용량보다
두 배 더 많은 탄소를 쓰고 있는 거지.
성매매에서 성을 사는 애가 더 나쁘니, 파는 애가 더 나쁘니?

사는 남자 놈들이 더 나쁘다고?
그럼 우리나라가 더 나쁘네?

너희 집에 쌓여 있는 쓰지도 않는 제품들,
수십 벌의 옷, 속옷, 화장품들이
모두 중국의 저임금 농민공들을 쥐어짜고
사악한 탄소를 배출하면서 만든 제품들이야.
그리고 그게 우리나라까지 오기 위해서
온 천지에 석유와 탄소를 흩뿌리며 들어오는 거지.

네가 공산품을 사면 살수록 남극의 빙하가 녹고
북극곰들이 무주택자로 변하고 있다는 거야.
그럼 스타벅스에서 환경 생각한다고
종이 빨대 쪽쪽 빨 게 아니고
우리가 공산품 안 쓰고 개발도상국 국민들처럼
가난하게 사는 게 친환경 아니겠어?
근데 자발적으로 그렇게 할 수 있는 사람 있나?

아이들은 항상 사랑받아야 하는 존재들인가?
아니야. 그런 법 같은 거 없어.
오늘도 네가 습관적으로 마신 한 잔의 커피와
네가 재미 삼아 사는 플라스틱 쓰레기를 만들기 위해서

안 보이는 곳에서 사랑받지 못하는 소년소녀공들이
열심히 공장을 돌리고 있어.
중국에선 하루에 산재로 죽는 사람이
'공식적' 통계로만 350명이 넘지.

선진국에서 태어나 사고로 죽은 우리나라 어린이들은
필요에 따라 미디어의 조명을 받기도 하고
수많은 사람에게 기억되고 법으로 만들어지기도 하는데,
매년 개발도상국에서 수많은 어린이가
우리들이 쓸 공산품을 만들다 사고로 죽어 사라지지만
나서서 이름 한 번 불러주는 사람이 없네.
너라도 불러줄 거지?

그리고, 무조건적인 사랑이 아이들에게 항상 좋은 걸까?
사람은 살면서 필수적으로 고통과 좌절이 필요해.
고통만이 사람을 발전시키기 때문에
모든 게 갖춰진 환경에서 자라난 아이들은
쉽게 부러지고 약할 수밖에 없지.
꼭 백신 안 맞추는 부모들만 '안아키'인 줄 아니?
마음 아프다는 이유로, 필요할 때 회초리 안 드는 사람도
아이들의 항체 형성을 막고 있는 부모일 수 있어.

최저임금은 얼마가 맞는 걸까?

1만 원 이하면 사람다운 생활이 불가능한 걸까?

근데 혹시 인도의 최저임금이 3000원밖에 안 하는 건 알고 있니?

그 친구들도 올려줬으면 좋겠어?

맞아, 맞아. 인도 사람들도 사람답게 살려면

최저임금도 정의롭게 올려주고 그래야지.

근데 왜 물가 오른다고 정부한테 욕하고 있니?

그 친구들 최저임금 6000원 되면

우리가 갖다 쓰는 공산품들 다 2배, 3배는 오를 텐데,

왜 물가 오른다고 정부에다 돌을 던지고 있어?

네 월급 반 뚝 떼서 보내주지는 못할망정.

최저시급이 내일부터 뜬금없이 오르면

너한테 치킨 튀겨주는 알바생 급여도 오르는 거고

네가 살지도 모르는 집 짓고 있는 인부들 급여도 오를 텐데

치킨 값 오르고 집값 오르는 거에 대해 뭐라고 하지 좀 말어,

사회 정의를 위해서.

근데 가만 생각해 보면 이렇게 기준도 없이 왔다 갔다 하고

엿장수 맘대로인 것 같은 정의도

사실 한 가지 공통점이 있긴 해.

이 글을 차분히 읽다 보면 한 가지를 찾을 수 있을 거야.

그게 뭐냐고?

바로 '나'를 중심으로 정해진다는 거야.

내가 자영업을 해서 방역 통제로 가게가 망하면 불의한 거고

내가 코로나로 재택근무를 하면 정의로운 통제고

내가 한국인이라서 미세먼지의 피해를 보면 불의한 거고

내가 유럽인이라 미세먼지의 영향 밖에 있으면 정의로운 거고

내 아이의 행복은 정의롭지만 남의 집 아이는 뭐 그다지,

가끔 TV에 유니세프 나오면 성금이나 좀 보내주는 정도지 뭐.

우리나라에 5000만 국민이 있으니

각자 5000만 개의 정의가 있는 거지.

이제 정의가 뭔지 좀 알겠니?

복잡하게 연결된 세상을 사는 우리는 모두

누군가의 피해자이자 가해자의 삶을 살게 되어 있어.

누군가가 원망스럽니?

응, 누군가도 네가 원망스러울 거야.

보편적 정의는 모든 인간이 죽어 없어지는 순간까지

달성되지 않겠지.

따라서 인간의 삶의 태도를 결정하는 기준은

탐욕과 정의가 아니고,

이기주의자로 사느냐, 아니면 위선자로 사느냐야.

둘 다 좋을 건 없지만

그나마 좀 더 나은 건 이기주의자로 사는 거고,

거기서 좀 더 나은 건 정의로운 이기주의자가 되는 거지.

정의로운 이기주의자가 되기 위해선

선과 위선을 가려낼 지혜가 필요해.

우리 모두 위선자의 삶은 내려놓고

정의로운 이기주의자가 되도록 해보자.

인간의 삶의 태도를
결정하는 기준은
탐욕과 정의가 아니고,
이기주의자로 사느냐,
아니면 위선자로 사느냐야.
둘 다 좋을 건 없지만
그나마 좀 더 나은 건
이기주의자로 사는 거고,
거기서 좀 더 나은 건
정의로운 이기주의자가
되는 거지.

불평등은
진짜 나쁜 걸까?

앞서 말한 대로 양극화, 즉 사회적 불평등은
우리가 막고 싶다고 해서 막을 수 있는 게 아니고
시간이 흐름에 따라, 그리고 통화량에 따라
자연히 늘어나는 현상이야.
인간의 능력은 유전자와 환경에 따라 다 다르므로
나라의 자원은 소수에게 몰리게 되고
좋은 능력에 자원까지 더해지니
평범한 사람들과의 격차는 당연히 더 벌어지게 되는 거야.

그런데 우리가 한 가지 짚고 넘어가야 할 게,
우리는 우리 자신도 모르는 사이에 이 불평등에 대해서
악이라고 규정하고 있다는 거야.
불평등이란 건 우리에게 좋을 때도 있고 나쁠 때도 있는 건데
우리는 한쪽 면만을 가리키며 없애야 할 악으로 규정짓곤 하지.
원래 세상에 뚜렷한 선악 같은 건 없는 건데
우리는 세상을 둘로 나눠 선악 딱지를 붙이는 데 익숙해져 있잖아.

불평등이 있기에 우리는 직접 찾아보지 않고도
책을 통해 지식의 불균형을 바로잡을 수 있고,
대한민국 카페에 앉아 남미 노동자의 땀과 수고로움이 묻어 있는
커피 한잔을 즐길 수 있는 거야.
불평등 자체는 선악의 개념이 아니라
우리 사회에 필수불가결한 요소라는 걸 알고 있어야 해.

우리는 스스로 도덕적이라고 착각하고 사는데
우리가 생각하는 옳고 그름은
잘못되고 뒤틀린 것들이 너무 많아.
자신이 당하는 불평등엔 예민하게 반응하지만
자신이 누리는 불평등에 대해선 너무나 관대하지.
따라서 우리가 흔히 생각하는 불평등의 정확한 정의,
왠지 모르게 네 마음속에 응어리져 있는 것들은
나를 기준으로 위에 있는 것들에 대한
분노라고 정의할 수 있을 거야.
분노와 시기라는 부정적인 감정들이 뒤섞여 있기에
애써 도덕적인 상황과 엮어서
자신의 시기심에 정당한 이유를 붙이고,
진짜 불평등에 대해선 대부분 외면해버리지.

아무리 가난하고 빈곤한 사람이라도

몸을 잘 훑어보면 남에게 떼줄 수 있는 것들이 생각보다 많거든.

우리가 커피 한 잔 살 돈, 좀 더 좋은 핸드폰을 살 돈,

좀 더 좋은 음식을 먹을 돈으로

우리 주변의 불평등을 낮출 기회를 갖지만, 그렇게 하지 않잖아.

우리는 왜 우리나라에서 한 시간 카페 알바하면 1만 원이 나오고,

왜 짐바브웨 친구들이 더 힘든 탄광에서 한 시간 일해도

1000원도 벌기 힘든지에 대해 별 관심이 없지.

세상은 유기적이라서

그런 가난한 국가의 국민들이 적은 비용으로 노동하기에

우리가 더 많은 급여를 받을 수 있고

저렴한 가격으로 공산품을 살 수 있는 거지만

그런 피곤한 사실 같은 건 별로 중요하게 생각하지 않잖아.

우리는 그저 위를 바라볼 뿐,

우리 발밑의 피와 눈물에 대해선 눈 감고 지나가는 거야.

불평등은 또 다른 관점에서 보면 세상을 돌리는 엔진 같은 거야.

우리는 불평등하기에 일을 하고, 돈을 벌려고 하고,

더 나은 배우자를 얻으려 하고, 더 높은 자리로 올라가려 하지.

세상이 모두 평등하다면 우리 사회의 엔진은 꺼져버리고,

더 이상 아무도 가치 있는 것들을 생산해 내지 않을 거야.

그건 세상의 종말과 같지.

우리는 남들보다 나아지기 위해 노력할까,

아니면 남들을 돕고 세상을 아름답게 만들기 위해 노력할까?

원래 100%라는 건 없으니까

이 세상에 고상한 미덕과 인품을 가진 성자들도 간혹 있겠지만,

세상은 대부분 이기적인 욕망에 의해

굴러가고, 발전하고, 더 나아져.

남들보다 특별해지려는 인간들의 노력 덕분에

우리가 스마트폰을 쓰고, 감동적인 영화를 보고,

인터넷에 뻘글도 쓰고 하는 건데,

만약 불평등 없이 모두가 평등해야 하는 사회라면

그것만큼 불평등한 사회가 어디 있겠어?

나라를 움직이는 정부 입장에서도 적당한 불평등은

사회를 빠르게 성장시키는 가장 큰 동력으로 작동하게 돼.

우리도 선진국처럼 잘 먹고, 잘 쓰고,

먼저 노력하는 자가 큰 부를 가질 거라는 미끼가 없다면

아무도 생산성 있는 일 따윈 하지 않게 되는 거야.

때문에 정부는 기업 간의 경쟁을 유도하고

기업은 개인에게 가치 있어 보이는 물건을 제시하고

개인은 그걸 얻기 위해,

즉 남들보다 더 높은 위치,

바로 불평등을 얻기 위해 열심히 일하는 거지.

얼마나 웃기는 일이니.

그렇게 불평등을 욕하는 우리가

평생 불평등을 목표로 아등바등 산다는 게.

우리가 큰 뜻을 품고, 양극화를 줄이고

불평등을 해결하려면 어떡해야 할까?

부자들의 돈을 뺏어서 아래로 던져주면 해결되는 걸까?

이미 불평등을 해결하겠다고 외치던 정치인들이

어떤 세상을 만드는지 너무 많이 증명했기에

우리는 그게 정답이 아니란 건 이미 알고 있어.

법과 강제력을 통한 인위적인 양극화의 해결은

안타깝게도 양극화를 더 벌리기 마련이지.

왜냐하면 사람의 행동 패턴은 비슷해서

남에게 강제로 뺏긴 사람은 분노하고

자기가 뺏을 수 있는 사람에게서 그만큼 더 뺏기 때문이야.

그리고 남에게 뺏어서 나눠주려면

누군가 그걸 뺏어야 하는 거고

그 뺏는 자는 보통 중간에서 수수료를 떼가기 마련이거든.

원래 물건은 유통과정이 많아질수록 가격이 올라가는 거잖아.

따라서 개인이 할 수 있는 가장 쉬운,

아니 유일한 양극화 해소 방법은

분노로 남의 걸 빼앗아 나눠주는 게 아니라
네가 가진 것을 사랑으로 남에게 나눠주는 거야.

그게 가장 확실한 양극화의 해결방안이고
그렇게 하면 사회에 분노를 퍼트리지 않고
사랑과 자비를 베풀며 사회적 선을 이룰 수 있어.
유통과정에 잡다한 사람들이 끼어들지 않으니
가장 효율적이고 이상적인 부의 전달 방법이지.

네가 가진 집을 남들보다 훨씬 싼 가격에 팔면
집값이 떨어지는 거고,
네가 벤츠 살 돈으로 현대차를 사고 남들에게 나눠주면
뚜벅이 친구 하나가 레이 사서 타고 다닐 수 있는 거고
네가 매일 마실 커피 한 잔을 한 달만 아껴도
지구 반대편의 어린이 한 달 생활비는 나올 거야.

그렇게 쉽고 간단한 방법이 있지만 지키는 사람이 별로 없기에
우리 사회의 불평등도는 점점 올라가는 방향으로 가는 거지.
이제 알겠지?

시간이 흐르고, 통화량이 증가할수록
상대적으로 양극화는 더 증가하겠지만

이런 커다란 흐름 앞에서 일개 개인이 할 수 있는 건
그저 사회의 구성원으로서 본인과 가족의 번영을 위해
애쓰는 것 외에 다른 길은 없어.

그게 오히려 위선자의 삶을 사는 것보다
양극화를 더 줄이는 길이고
우리가 계속해서 '올바른' 방법으로 사다리를 오르기 위해
노력하다 보면, 그게 바로 사회적 선을 이루는 방법이 될 거야.
위를 볼 때는 돌을 던지기 위해서가 아니라
단지 목표를 확인하기 위해서,
그리고 아래를 볼 때는 자신의 위치를 확인하고
여유가 된다면 가끔 가능한 선에서
손도 내밀어 줄 수도 있을 거야.

그게 우리가 불평등을 바라보는 관점이 되어야 하고
바로 네가 원하는 것을 얻기 위한 첫 단계가 될 거야.
분노를 누르고, 이성적인 사고를 하는 거지.

선한 것들을 통해 조금씩 뺏기는
개인의 자유와 권리

사람에게 가장 중요한 재산이란 뭘까.

그건 바로 부를 창출하는 생산 수단, 생산의 3요소인

토지, 자본, 노동이라고 할 수 있어.

우린 땅 위에서 농사를 짓고, 상거래를 하고, 삶을 살기 때문에,

토지 없이는 아무것도 할 수가 없어.

토지를 갖는다는 건, 큰 권력을 갖고 있는 거지.

그건 초등학생조차 아는 사실이야.

토지의 권력을 본능적으로 알기에

장래희망을 얘기할 때 꿈이 건물주라고 하는 거잖아.

또한 커다란 돈 역시 돈을 버는 수단이 될 수 있지.

작은 돈은 힘이 약하지만, 커다란 돈은 모이면 모일수록

부를 창출할 수 있는 강력한 수단이 돼.

또한 노동력, 즉 네가 자유롭게 움직일 수 있는

몸을 갖고 있기에

너는 네 노동력을 팔아서 자본으로 치환할 수 있는 거야.

그렇기에 개인은 이 세 가지 생산수단을 소유하고
자유롭게 행사할 수 있을 때
진정으로 국가의 폭력으로부터 자유롭다고 할 수 있을 거야.

그럼 이 세 가지를 뺏기게 되면 어떤 세상이 펼쳐질까?
우리는 윗동네에 너무 좋은 교과서가 있기에
쉽게 이해할 수가 있지.
북한이 바로 토지, 자본, 노동 세 가지 모두를
나라가 독점한 국가라고 할 수 있어.

북한의 토지는 광복 이후에 바로 모두 나라에 귀속됐지.
따라서 아무리 개인이 날고 기어봐야
소작농 그 이상은 될 수가 없어.
심지어 지주가 나라기 때문에 반항은 꿈도 못 꾸고
아무리 많은 돈이 있어도 살 수가 없지.
또한 대부분의 자본이 당에 귀속되어 있기 때문에
개인이 큰 자본을 모아 만드는
제대로 된 기업이 존재할 수 없지.
따라서 경제발전도 꿈도 꿀 수 없는 거고.
마지막으로 노동력은?
우리는 자유주의 세상에 살기에
노동의 대가로 돈을 받는 게 자연스럽지만

북한 같은 사회에서는 법에 따라 개인의 노동력을
철저히 국가의 필요에 따라 행사할 수 있어.
따라서 자신의 노동력조차 국가에 귀속되어 있는 거지.

그렇다면 거추장스러운 옛 이념이나
국가체제를 볼 필요도 없이,
단지 이 생산의 3요소가 어디로 귀속되어 있냐를 살펴보면
권력이 어디로 흘러가는지를 금방 파악할 수 있는 거야.

현재 인플레이션의 흐름에 따라 전 세계적으로 번진 양극화는
사람들의 주거를 불안정하게 만들었고
정치인들은 서민들의 주거 안정이라는 명분으로
조금씩 개인으로부터 토지를 거둬들이고 있어.
임대주택이란 건 겉으론 그럴듯하지만,
결국 집주인이 국가라는 거지.
지금은 아직 개인의 토지가 더 많지만
앞으로 더 많은 토지가 국가로 넘어가고
그 속도는 점점 빨라질 거야.
그리고 그때가 되면 국가라는 집주인이
얼마나 무서운지 깨닫게 되겠지.

또한 자본 역시 양극화를 해소한다는 명목하에

점점 세금과 복지의 비중이 늘어나고 있어.

세금을 어디 쓸지 정하는 건 정치인이고

돈은 행사할 수 있는 사람에게 속해 있는 거잖아.

따라서 세금과 복지가 많아질수록

정치인과 국가의 힘은 점점 강해지는 거야.

그렇게 나라의 자본이 국가로 귀속될수록

기업은 쪼그라들고 사회적 비효율은 올라가겠지.

노동력은 어떻지?

노동력 역시 조금씩 조금씩 제한당하고 있어.

사람을 구속할 수 있는 게 뭐지? 법이지.

법이란 우리를 지키는 울타리이기도 하지만

우리 머리를 깨는 흉기가 되기도 해.

너무 많은 법은 개인의 자유와 반대편에 있는 거고,

각종 도덕과 정의라는 명분하에

우리는 삶을 통제당하는 데 점점 익숙해지고 있지.

겉으로 보면 따뜻하고 인간적인 법으로 보이지만

막상 조금만 속을 까보면

누군가의 이득을 위해 설계되어 있는 법들이 대부분이야.

지금은 권력이 개인에서 국가로 넘어가는 과도기이기 때문에

정치인들은 아직 그럴듯한 명분과 정의를 내세우지만

개인의 권력이 대부분 국가로 넘어갔을 때
국가는 더 이상 개인에게 따뜻한 말을 해주지 않을 거야.
왜냐하면 그때는 그럴 필요가 없을 테니까.

이런 권력의 이동은 흔히 선진국이라고 하는
대부분의 나라에서 관찰되는 현상이야.
미국, 유럽 등 선진국이라고 생각했던 국가의 민낯은
그저 국가가 나이 들고, 권력이 국가에게 넘어가며
병들어 가는 과정의 일부일 뿐이지.
그럼, 우리나라는 어디쯤 와 있는 것 같니?

미디어를
올바로 보는 방법

우리 사회에는 과거에 비해 너무 많은 정보가 전달되기에
정보를 제한하는 방식의 패러다임이 완전히 변해버렸어.
예를 들어 예전에는 국민들, 혹은 상대방에게
전달되지 않길 원하는 정보는 숨겨버렸지만,
지금은 너무나 많은 가짜 정보 속에 파묻어버려서
뭐가 진실인지 어렵게 만들어 버리고 있지.
따라서 우리가 현대사회를 살아가는 방법은
가짜와 눈속임 정보 속에서 진짜 가치 있는 정보를
끄집어내는 눈을 키우는 일이 될 거야.

우리가 미디어를 볼 때 항상 생각해야 할 건
미디어는 절대로 대중들에게 정보나 지식을 전달하기 위해
생산되지 않는다는 사실이야.
네가 회사에 다니는 이유는 뭐지? 회사를 위해서?
그럴 리가 있나. 당연히 돈을 벌기 위해서지.
미디어도 마찬가지야.

미디어 자본도 철저히 본인들의 경제적 이익을 위해
만들어진다는 사실을 명심해야 해.

흔히 사람들이 기레기니 뭐니 욕하지만,
수개월 고생해서 쓰는 탐사보도보다
연예인 뒤태 같은 게 조회 수가 더 나오는데,
욕할 게 뭐 있겠어?
사람들 수준에 맞는 기사를 쓰는 거지.
똑같은 사건도, 글을 쓰는 사람의 가치관과 이익에 따라
얼마든지 선과 악을 조종할 수 있기 때문에
우리는 그 안에서 명확한 사실만을 얻어내고
미디어의 쓸데없는 견해는 버리는 게
좀 더 정보를 객관적으로 파악하는 데 도움이 될 거야.

예를 들어 우리나라에 전달되는 국외 미디어는
대부분 BBC나 CNN 같은 서구 미디어 기반이기 때문에
어디까지나 서구사회의 이익을 대변하는 경우가 대부분이고,
국내 각 미디어들의 입장을 대변하는 기사만을
선택적으로 번역해 전달하지.
그러니 보다 객관적인 사실을 얻으려면
완전히 이해관계가 없는 제3세계 미디어의 기사를 봐야
어느 정도 객관적인 진실이 보여.

또한 미디어의 목적은 너의 행동을 이끌어내는 것이기 때문에
주로 너의 감성과 분노를 자극할 만한 것들을 곳곳에 집어넣어.
그리고 우리는 알고도 거기에 넘어가지.

예를 들어 요새 인기를 끄는 짝짓기 프로그램 같은 경우
욕먹을 만한 이상한 사람을 일부러 뽑아서
프로그램에 끼워넣지.
그래야 시청자들이 분노하고, 화제성이 생기고,
광고 단가가 오르니까.
근데 곰곰이 생각해 보면 이상한 사람이 나쁜 건지
아니면 이상한 사람을 이용해서 돈을 버는 사람이 나쁜 건지
아니면 거기에 장단 맞춰서 돌을 던지는 사람이 나쁜 건지
도무지 모르겠단 말이지.
참 어려운 문제야.

그리고 기사를 볼 때 사람들 사이에서
크게 이슈가 되는 기사보다는
조용히 묻히는 별것 아닌 기사들이
우리 삶을 변화시키는 경우가 훨씬 많아.

예를 들어보면, 정부에서 정책적으로
신혼부부 전세자금대출을 늘린다는 기사가 나왔을 때

평범한 시선으로 보면

'아, 신혼부부들이 전세를 좀 더 쉽게 들어갈 수 있겠구나'

라고 생각하기가 쉽지.

하지만 좀 더 깊은 시선으로 보면

전세자금대출을 늘린다는 건

시중에 돌아다니는 돈이 늘어난다는 것,

즉 통화량의 증가를 의미하고

통화량의 증가는 집값을 자극하게 되어 있어.

또한 월세보다 전세 수요가 늘어나므로

전세를 낀 갭투자가 용이해질 것이고

결과적으로 집값이 오를 가능성이 크다고 예측할 수 있지.

그럼 정부의 의도는

신혼부부에 대한 대출 확대로 표심을 끌어내고

동시에 집값 부양으로 통화량을 증가시켜서,

즉, 가계대출로 경기를 활성화시키거나

건설사나 은행의 부실을 막으려는 거고

그 말은 집값이 오를 가능성이 크다는 뜻이니까

곧이곧대로 전세를 들어가 버리면

대출로 집을 구매한 사람보다

뒤처질 가능성이 높아지는 거지.

똑같은 기사를 보고도
누군가는 정부가 선한 의도로
젊은 층을 지원하는 거라 생각할 테고
누군가는 정부가 선하지 않은 방법으로
경기 활성화를 목표로 하고 있다 생각할 거야.

또한 누군가는 전세를 들어가야겠다 마음을 먹을 테고
누군가는 집을 사야겠다고 마음을 먹을 테지.

누군가는 거꾸로 뛰어가는 거고
누군가는 앞으로 뛰어가는 거지.

세상은 다단계로
이루어져 있다

우리는 통화가 팽창되는 세계, 경제 규모가 점점 커지는 세계,
돈이 점점 늘어나는 세계에 살고 있어.
돈에 의해 돌아가는 우리 사회의 작동 원리는
얼핏 보면 복잡해 보이지만
큰 관점에서 보면 단순한 부분도 있어.
바로 대부분의 현상들이 다단계, 폰지 사기의 원리로
돌아간다는 거야.

작은 다단계나 폰지 사기는 딱 보면 사기인 게 눈에 보이는데
사회 안에 숨어 있는 커다란 다단계는
규모가 커질수록 내가 어디서 손해 보는지
잘 모르게 된단 말이지.
다단계와 합법적인 사업의 가장 큰 차이가 뭘까?
둘 다 윗돌로 아랫돌을 막는다는 원리는 비슷하지만
다단계는 약속을 지키지 못하고,
합법적인 사업은 약속을 지킨다는 데 있어.

루나코인을 만든 권도형이 작년 초까지만 해도
잘나가는 사업가였잖아?
분명 사람들한테 수익률 20% 맞춰줄 때까지만 해도
막 천재 사업가라고 띄워줬는데
그거 못 지키는 순간 바로 폰지 사기범으로 바뀌어버렸지.

머지포인트는 어때?
사람들 돈 모아다가 돈보다 포인트 더 줘서
몇천 억 끌어모을 때까진 좋았지.
근데 그 모은 돈으로 뭐라도 해서 돈 불리고 약속을 지켰으면
사업가로 남았을 텐데 그게 실패하니까
폰지 사기범으로 변신했어.
원래 사업가랑 사기꾼은 종이 한 장 차이인 거야.

그럼 이런 단순한 구조의 폰지 사기 말고
좀 더 복잡한 구조는 뭐가 있을까?
우리가 잘 알고 있는 스타벅스가 피라미드형 사업구조인데,
앞의 머지포인트나 루나와는 좀 다른 형태의 구조를 갖고 있어.
바로 보상으로 돈이 아니라 희망을 이용한다는 데 있지.

스타벅스가 처음 한국에 들어왔을 때
다른 카페와 차별화된 점이 여러 가지가 있었겠지만,

그중 중요한 게 직고용이었어.
다른 카페들은 다들 알바생 고용해서
영혼 없는 눈으로 커피 타고 있을 때
스타벅스는 모두 직고용된 직원들로
차별화된 커피를 탈 수 있었지.

그리고 그 직원들을 돌리는 원동력은
돈보다도 바로 희망이었어.
나도 높은 직급, 혹은 점장이 될 수 있다는 희망.
사업 초기야 당연히 매장이 우후죽순으로 늘어가고
그럼에 따라 매니저, 부매니저 자리도 늘어났지만
매장 수가 포화되기 시작하면서부터
이미 엉덩이 깔고 있는 점장들로 인해
점점 일반 사원으로 있어야 하는 기간이 늘어나기 시작했지.
그럼 직원들은 굳이 회사에서 정해진 수익을 나눠주지 않아도
더 높이 올라갈 수 있다는 희망만으로 열심히 일하게 되는 거지.

돈을 주기로 약속하지 않았기에 사기는 아니지만,
결국 먼저 들어간 점장들을
나중에 들어온 직원들이 부양하는 전형적인 구조를 볼 수 있지.
여기서 다른 길을 통해 사업을 확장해 나간다면
다시 한번 직원들의 희망에 불을 붙일 수 있겠지만

그게 실패한다면 직원들은 떠나고

사업은 수축기에 들어가게 될 거야.

사실 대부분의 사업은 이런 구조로 돌아가게 되어 있어.

큰 수익을 약속하기보단 개인이 발전하거나

더 높이 올라갈 수 있다는 희망을 이용하지.

국가 단위의 다단계는 뭐가 있을까?

뭐 사실 너무 많아서 뽑기도 어렵긴 한데

대표적인 것만 고르라면 국민연금이지, 뭐.

사기업 연금이라고 생각해 봐.

연금인데 내는 돈도 매번 바뀌고

수령액도 자기들 마음대로에다가 가입도 강제로 해야 해.

사실 금감원 신고감이지.

근데 국가가 하기 때문에 죄가 성립되지 않는 거야.

이걸 유지하기 위해선

지속적인 인구의 증가와 GDP의 증가가 필요한데

출산율 0.7로 그게 되겠니.

그게 안 되면 이 폰지 사기를 계속 돌릴 수 없으니

피해자인 국민들이 들고 일어나겠지.

얼마 전에 프랑스에서 연금개혁 시위 일어났지?

우리나라의 미래 모습이야.

우리가 국제 거래에 사용하고 있는 달러도

세계 규모의 다단계라고 할 수 있어.

달러 가치를 유지하기 위해선

계속 달러 사용할 사람(국가)들이 늘어나야 하지.

근데 국제 정세가 그게 가능한 상태인가?

글로벌 무역은 점점 블록화되어 가고 있고

전 세계적인 침체로 시장도 점점 축소되고 있지.

경쟁자(중국)은 점점 커져서

달러가 점령한 땅들을 땅따먹기하고 있어.

미국이라는 커다란 회사의 수익 구조가 무너지는 과정이야.

분명 처음엔 글로벌 사업이었는데 말이야.

과연 앞으로도 지속가능한 사업이 될 수 있을까?

사실 개인도 이런 수익 구조를 본능적으로 알고 활용하고 있어.

남한테 돈을 약속하고 떼먹는 거나 보증 사기 같은 건

아주 단순하고 일차원적인 폰지 사기야.

사실 진짜 수익 구조는 뭐니뭐니 해도

남녀 관계에서 주로 관찰되지.

결혼해 줄 듯 말듯 희망고문하면서

이것저것 얻어내는 조건 좋은 남자나

사귀어줄 듯 말듯 희망고문하면서 이것저것 얻어내는 여자나

상대방이 거짓 희망에 놀아나고 있다는 걸 알지만
애써 상대방이 멋대로 좋아했다는 이유로 자신을 속이지.
큰 이득(선물이나 사랑)을 얻어도
연인관계라는 이름으로 면죄부를 받기 때문에
내가 정말 좋아하지 않는 형태의 폰지 사기야.

우리 사회는 돈으로 이루어진 약속을
엄격하게 법적으로 제재하기 때문에
풍선효과처럼 다른 형태로
사람들을 이용하는 방법들이 발달해 왔어.
그리고 그건 주로 희망, 정의, 사랑, 존경 같은
긍정적인 도구를 이용해 가장 추악하게 수익을 내는 구조야.
내가 저런 것들을 신뢰하지 않는 이유지.
사실 어릴수록 이런 구조를 파악하기가 어렵고
쉽게 빠져들기 마련이야.
근데 다들 자기가 신념 있고 똑 부러진다고 생각하니
사실 소가 웃을 일이지.

따라서 우리는 어떤 사회적 결정을 내릴 때,
그 구조를 꿰뚫어 보고 좀 더 명확한 판단을 내려야 하는 거야.
상대방의 따뜻한 말이나 행동, 은근한 희망을
모두 배제하고 보면

사회의 본모습을 좀 더 명확하게 볼 수 있게 되는 거지.

세상은 원래 꽃밭 같은 게 아니니까

부디 사회가 주는 가짜 희망에 속지들 마시게나.

사회 정의가 스스로를
파괴한 나라, 중국

청나라의 멸망 이후 공산당이 집권하면서
지금의 중국이 만들어지게 됐지.
중국의 역사와 발전은 우리나라와 우리 생활에
지대한 영향을 끼치고, 시사하는 바가 많기 때문에
어느 정도는 알고 있을 필요가 있어.

특히 2023년 현대를 살아가는 우리의 삶에
중국의 역사와 비슷한 역사가 되풀이되고 있는데,
바로 지나친 사회 정의가 어떤 식으로
전체주의로 변모하는지 적나라하게 보여주지.
우리는 중국의 역사를 통해서
개인의 권력이 국가로 넘어가는 과정을 상세하게 알 수 있어.

청나라가 멸망하고 중국에서 마오쩌둥이 권력을 잡고 나서
마오쩌둥은 중국의 경제부흥을 목표로 대약진 운동을 시작했어.
물론 공산당이 다 그렇듯 처절한 실패로 끝나게 됐지.

인간의 욕망을 무시한 경제정책은 결과가 항상 뻔하거든.

해충과 유해조수를 잡겠다는 선한 명목하에

중국 국민 수백만 명이 동원되어

파리, 모기, 쥐, 참새를 사냥했어.

하지만 참새가 사라지자 오히려 해충이 창궐하며

농촌에 큰 피해를 입히고 수천만의 아사자를 만들게 돼.

농부들 입장에서는 자신들을 괴롭히는 참새가 밉고 싶었지만

세상은 원래 유기적이라, 참새는 안 보이는 곳에서

농민들에게 입히는 해악보다 더 큰 이득을 주고 있었던 거지.

아이러니하지?

또한 마오쩌둥은 나라를 위해, 수출을 위해

철강 생산을 늘리겠다는 목적으로

각 농촌에 원시시대에나 쓸법한 토법로를 만들어

철강을 생산하게 했어.

결과는 당연히 실패지.

철강 생산은 늘었지만 불순물이 너무 많아

사용할 수도 없었거니와,

농기구를 모두 철강 생산에 때려 넣어서

농사에도 큰 피해를 입히게 됐어.

이것 역시 의도는 무척이나 선했어.

이러한 대약진 운동의 실패는

중국에 수백 수천만 아사자를 만들게 되고

마오쩌둥은 실패의 책임을 지고

덩샤오핑과 류샤오치에 의해 권력에서 쫓겨나게 됐어.

근데 정치인들에게 권력을 놓는다는 게 어디 가능한 일이겠니.

마오쩌둥은 다시 권력을 잡기 위해

사회적 혼란과 내분을 일으키기로 결심해.

당시 공산당(사실 마오쩌둥)의 정책 실패로

민심은 언제 터질지 모를 정도로 흉흉한 상태였는데

마오쩌둥은 유체이탈 화법으로

자기가 몸담았던 공산당을 맹렬하게 비판하며

다시 인기를 얻기 시작하지.

자기가 싸놓은 똥을 자기가 비판하면서 말이야.

이때 마오쩌둥이 노린 건 당연하게도 청년들이었어.

왜냐면 경험이 없어 속이기가 제일 쉽거든.

마오쩌둥은 "부르주아와 자본주의 세력들이

다시 침투하고 있는데 청년들이 이를 바로잡아야 한다"

라고 부르짖으며 청년들을 선동했고

거의 신앙에 가까운 인기를 얻게 되지.

이게 바로 홍위병의 탄생 배경이야.

그러면서 자신에 대한 신격화를 강화시키기 위해
스스로 마오쩌둥 사상집까지 출판하며 세뇌를 더욱 강화했고
자신을 아버지라 부르게 해서
사이비 종교적 관계를 만들게 되지.
정신적으로 취약하거나
아버지에게 정상적인 사랑을 받지 못한 여성들에게
가족을 만들어주고 스스로 아버지라 불리는 것.
정신의학적으로 가장 전통적인 세뇌 방법이야.
보통 여자들이 정서적으로 저런 부분에서 더 취약하기도 하고,
일단 젊은 여성들을 포섭하면
젊은 남성들은 알아서 끌려오게 되어 있거든.
사이비 종교도 보통 젊은 여신도들을 앞세워서
포교 활동을 하잖아.
사이비 종교가 하는 짓은 다 한 거지.

마오쩌둥과 홍위병들은 중국에 있는 대부분의 문화재를
부르주아의 산물이라 매도하며 파괴하고,
마오쩌둥에게 반항할 만한 지식인들과 권력층들을
다 숙청하게 돼.
당시 공산당의 실권을 잡고 있던 덩샤오핑도
인민들 앞에 끌려나와서 얻어맞고
농촌으로 보내져 강제노동형에 처해지지.

그렇게 야만과 폭력, 비이성의 시대가 가고,
마오쩌둥이 다시 권좌에 자리에 오르게 되고
중국은 더욱 더 못살고 망가진 채로
공산주의식 해피엔딩이 이루어지게 되지.

홍위병들은 어떻게 됐을까?
당연히 토사구팽됐지.
마오쩌둥은 폭력적이고 광신적인 홍위병들을
상산하향 운동을 통해 농촌으로 박아버려.
'개혁은 완수했으니까 너희들은
농촌으로 가서 농사지어서 애국하자.'
그렇게 농촌으로 보내진 홍위병들은
가난과 배고픔으로 죽기도 하고,
여자 홍위병들은 성범죄에 시달렸으며
아직도 호구제도에 묶여서 농촌을 벗어나지 못하고
농민공으로서 중국의 최하층민으로 살아가고 있지.
조상들의 무지함과 악행에 대한 벌이라고 할 수도 있겠네.

그리고 마오쩌둥이 죽고 나서
절치부심하던 덩샤오핑이 다시 권력을 잡게 되고
이미 신격화되어 버린 마오쩌둥을 버릴 수가 없던 덩샤오핑은
그를 국부로 남겨둔 채

친시장주의, 자본주의 정책을 통해 중국의 부흥을 이끌게 돼.

참 아이러니하지.
본인들을 죽이고 괴롭힌 마오쩌둥은 신격화하면서
자신을 구타하고 노예로 만든 인민들을 용서하고
경제발전으로 강대국을 만든 덩샤오핑은
그보다 못한 취급을 받고 있으니 말이야.

항상 국민을 이용하는 자들은 저런 신앙적 믿음과
지지자들에게 자부심을 부여하는 형태로 정당을 운영하게 되지.
도덕적이고 정의로운 척하면서 그럴듯한 명분을 만들어주니까
자존감이 얇은 지지자들은 거기서 자존감을 챙겨가는 거야.
얼핏 보면 가해자와 피해자 같기도 하지만
다른 사람들에게 큰 해악을 끼친다는 점에서
아주, 아주 질이 안 좋은 공범이라고 할 수 있지.

사실 이러한 역사는 무려 60년 전에 일어난 일들이지만
우리 시대에서도 정치인들의 조종법과
그에 휩쓸리는 사람들의 행동 패턴은 별로 변한 게 없어.
왜냐하면 인간의 욕망은 그때나 지금이나 변한 게 없고
시대의 흐름은 역사책을 통해 읽을 때는 쉬워 보이지만
막상 그 시대를 사는 사람들이 파악하긴 어렵거든.

때문에 우리는 항상 과거의 역사를 통해 배우고
우리가 사는 세상을 끊임없이 되돌아봐야
변화하는 역사의 물결 속에 떠내려가지 않을 수 있을 거야.

6

그럼에도
우리는 선하게 살아야 한다

자본주의에서는
남을 기쁘게 할수록 보답을 받는다

세상은 정의와 도덕, 착한 가면 뒤에서

치열하게 서로를 속이고 싸우는 전쟁터기 때문에

본모습을 알수록 허무주의나 회의감에 빠지기 쉬워.

그럼에도 우리는 따뜻한 생각과 가치들을 포기해서는 안 돼.

왜냐하면 그게 너의 왼쪽 날개를 이루고

궁극에는 너를 행복하게 만들어주기 때문이야.

사람들은 흔히 착한 사람들이

손해를 보고 살아간다고 생각하지만,

전혀 그렇지 않아.

자본주의는 남을 기쁘게 하는 사람에게

보상을 쥐여주는 시스템이거든.

왜 생산성과 별 상관이 없는 연예인이나

운동선수들이 큰돈을 벌 수 있을까?

바로 남을 기쁘게 해줬기 때문이야.

우리는 식당에서 몇 시간의 수고로움이 들어간
밥 한 끼를 사먹으며 2만 원, 3만 원이 비싸다고 투덜대지만
좋아하는 연예인을 위해 수십만 원을 쓸 때는
불평 없이 지갑을 열기도 하지.
따라서 남을 많이 기쁘게 할수록
상대방의 애정이나 돈으로 보상이 돌아오기 때문에
자본주의는 아직까지 유지되고 있는 거지.

따라서 우리는 '올바르게' 착하게 사는 방법을 알아야 해.
맨날 주변에서 '쟤 착하다, 착하다' 하는 거?
그건 착하다는 게 아니라, 말을 잘 듣는단 뜻이야.
속뜻을 잘 캐치하라구.
세상에서 중심을 지키며 착하게 산다는 건
굉장히 어렵고 복잡하고 힘든 일이야.

★ 1. 선행은 남의 시선으로 결정된다

우리가 자주 하는 착각은 착함과 선한 행동을
본인의 기준으로 판단한다는 거야.
사실은 남이 선행이라고 느낄 때만 그게 선행이 되는 거지.
따라서 제대로 된 선행을 하려면

상대방의 입장에서 생각할 수 있는 역지사지의 자세가 필요해.

예를 들어 회사에서 못되고 자기만 아는 상사가
중용 받는 이유도
윗사람이 보기엔 회사에 끼치는 악영향보다
회사에 공헌하는 부분이 더 크다고 느끼기 때문에,
혹은 그렇게 느끼게 만들었기 때문이야.
하지만 우리는 그 사람의 한쪽 면만 보고 판단을 하게 되지.
물론 다른 관점에서 본다면,
그 사람의 효용성이 떨어진다면 버림받을 수도 있겠지.
왜냐면 너를 기쁘게 하지 못했으므로
너는 그 사람에 대한 부정적인 평가들을 뿌리고 다닐 테니까.
따라서 최대한 남을 기쁘게 하고,
최대한 적을 만들지 않으며 살아가는 게
성공한 인생의 열쇠가 되는 거지.

★ 2. 악하게 사는 건 리스크가 크다

물론 악하게 살고도 크게 성공을 하는 사람도 있지.
분명 수많은 사람을 괴롭게 하고도 큰돈을 버는 사람들이 있어.
하지만 별로 부러워할 필요가 없어.

이런 사람들은 결국 리스크를 짊어지게 되거든.

인생은 장기 레이스기 때문에

언젠간 자기가 뿌려놓은 씨앗에 발목을 잡히게 되어 있어.

돈이란 건 겉으로 보기엔 똑같아 보여도,

다 꼬리표가 붙어 있거든.

땀이 묻은 돈, 피가 묻은 돈, 남의 눈물이 묻은 돈, 다 제각각이야.

남의 피와 눈물이 묻은 돈은 지키기 어려운 돈이지.

또한 평범한 사람들이 악한 길을 택하지 않는 이유는

악인 걸 알고도 행하면 영혼이 타락한다는 걸

본능적으로 알기 때문이야.

영혼이 타락해버리면, 너의 힘이 다하고 뜯어먹을 게 없을 때

결국 사람들이 다 떠나가 버리게 되거든.

사람의 근본적인 욕망은 타인의 사랑을 받는 건데

그걸 충족할 수 없다면 돈과 명예가 무슨 쓸모가 있겠어?

방향이 잘못됐으니 결과는 안 봐도 뻔하지.

★ **3. 선행을 베풀 땐 뭔가를 바라서는 안 된다**

또한 사람들은 본인이 베푼 선의를 스스로 깎아먹기도 해.

대학교를 다닐 때, 과에 성격이 굉장히 삐뚤어진 친구가 있었어.

항상 무슨 말을 하든 시비조로 얘기를 하고,
기본적으로 툴툴대는 게 몸에 배어 있었지.
뭐, 외적으로도 그리 호감 가는 친구는 아니었어.

근데 이 친구가 주변 사람들과 후배들한테
돈은 엄청 쓰고 다녔단 말이야?
항상 뭐든 자기가 내려고 하고
학교 활동이나 동아리 활동에서도 돈을 펑펑 쓰고 다녔지.
그런데 항상 밥을 사고 계산을 해주면서도
거드름을 피우고, 툴툴대다 보니
아무도 이 친구에게 고마워하는 사람이 없었어.
그리고 본인도 아무리 노력해도
상대방에게 호의가 돌아오지 않으니
해가 갈수록 더, 더, 더, 삐뚤어지더라고.

그 친구랑 말은 많이 안 나눴어도
무슨 생각을 하고 있는지는 알았어.
'아, 세상 사람들은 잘해줘 봤자 아무 의미가 없구나.'
근데 그 친구는 중요한 걸 모르고 있었던 거지.
선행은 상대방이 기뻐야만 의미가 있는 거고
뭔가를 해주고도 그걸 생색내고 거드름을 피우는 순간
의미는 퇴색되어 버린다는 걸 말이야.

따라서 상대방에게 진정으로 마음의 빚을 지우려면
아무것도 바라선 안 돼.
자기만족을 위해서 하는 선행은 자기만족으로 끝내야지
거기다 상대방의 감사와 존경까지 얻으려 하면
계산이 잘못되어 버리는 거지.

★ 4. 선행에 대한 반응은 주관적이다

또한 누군가는 똑같은 선행을 베풀어도 10의 칭찬을 받지만
누군가는 1의 칭찬을 받기도 해.
왜냐하면 외적 매력이 다 다르기 때문이야.
아름다운 사람의 친절은
상대방에게 훨씬 큰 감동을 주기도 하므로,
상대방의 반응을 더 끌어내려면
우리는 외적 매력, 말투, 매너, 유머도 신경을 쓸 필요가 있지.

그렇다고 억울해할 필요는 없는 게
고양이는 애교만 부려도 사람들이 잘해주고 싶어 하지만
돼지는 아무리 애교를 부려도 우리 뱃속에 집어넣잖아?
사람은 원래 시각적 자극에 주관적으로 반응하므로
그걸 원망하기보다는

세상의 틀에 자신을 맞추는 게 마음 편할 거야.
너도 눈에 보이는 것만 쫓으면서 사는데, 뭐.

정리하자면, 남의 입장에서 생각하고
남에게 감사와 사랑을 요구해서도 안 되며
상대방이 진심으로 너의 선의를 느껴야만
제대로 된 선행이라 할 수 있는 거지.

착하게 사는 건 절대 쉬운 게 아니야.
눈치도 있어야 하고, 센스도 있어야 하지.
하지만 그렇기에 그런 사람에겐
더 큰 보답이 돌아오게 설계되어 있는 것,
그게 자본주의의 원리라고 할 수 있을 거야.
숫자가 적을수록, 더 가치 있는 거니까.

사람들은 흔히
착한 사람들이
손해를 보고
살아간다고 생각하지만,
전혀 그렇지 않아.
자본주의는 남을 기쁘게
하는 사람에게
보상을 쥐여주는
시스템이거든.

욕망은
사랑이 아니다

대부분의 사람들은 욕망과 사랑에 대해
커다란 착각을 하고 있어.
이성을 욕망하거나
아이의 성취를 욕망하거나
혹은 명예를 욕망하면서
거기에다 사랑이라는 포장지로 포장을 하고 살아가지.

좋아하는 이성에게 선물을 주는 건 사랑일까?
그 대가로 상대방의 사랑을 원한다면
그건 사랑이 아닌 비즈니스라고 할 수 있을 거야.
아이에게 지나친 공부와 훈육을 하는 건?
만약 아이가 본인의 훈장이 되길 바란다면
그건 사랑이 아닌 투자라고 할 수 있겠지.
남들이 보는 데서, 남의 눈을 의식하며 선행을 베푸는 건?
그 선행의 대가로 명예와 존경을 바란다면
그건 잘 계산된 사회생활이라고 할 수 있지 않을까.

우리는 본인의 비즈니스, 투자, 위선을

사랑이라고 착각하고 살아가지만

사실 본질을 들여다보면 그저 욕망의 다른 형태일 뿐이야.

이런 욕망은 대가가 없다면 지속될 수 없기 때문에

결국은 세상을 더 나아지게 하거나 따뜻하게 만들지 못하지.

그렇다면 욕망이 아닌 진짜 사랑이란 뭘까?

사랑의 다른 이름은, 바로 자기희생이라고 할 수 있어.

대가없는 베풂, 혹은

대가로 오직 자기만족만을 챙기는 걸 말하지.

좋아하는 이성이 날 좋아하든 말든 사랑을 주는 것.

내게 줄 게 아무것도 없는

추하고 가난한 자에게도 사랑을 베푸는 것.

아이의 성장을 대가 없이 지원해 주는 것.

아무도 안 보는 곳에서

오직 본인의 마음속 선을 이루기 위해 베푸는 것.

자기희생 없는 정의, 사랑, 도덕은

그저 비즈니스 혹은 위선일 뿐이지.

사랑의 본질을 아는 사람만이 진정으로 사랑을 베풀 수 있어.

우린 아무런 박수갈채 없이도 선행을 베풀 수 있을까?

아니면 본인을 멸시하고 핍박하는 사람들을 위해
옳은 일을 할 수 있을까?
빵 부스러기가 아니라,
내가 가진 가장 소중한 것을 남한테 대가 없이 줄 수 있을까?
오른손이 하는 일을 왼손이 모르게 할 수 있을까?
그렇게 하나씩 본인의 모습을 돌아보면,
자신이 여태 그저 사랑이라는 이름의
비즈니스를 하고 살아왔다는 걸 깨달을 수 있을 거야.

평범한 사람들은 이기주의자로 살거나
혹은 위선자로 살아가는 거고
그중 정말 몇 안 되는 소수의 사람만이
사랑을 베풀고 살아갈 수 있어.

그러니 본인이 사랑을 베풀고 살 자신이 없다면
최소한 남에게 사랑을 강요하지는 말자.
우리 대부분은 그렇게 살 수 없으니까 말이야.

착해지는 건
뼈를 깎는 노력이 필요하다

공부를 열심히 하다 보면 아는 게 많아지지.
운동을 열심히 하다 보면 몸이 좋아지고.
하루아침에 되는 게 아니고 10년, 20년 열심히,
천천히 쌓아가는 거야.
근데 운동과 공부는 눈에 보이기 때문에 열심히 할 수 있지만,
우리 눈에 보이지 않는 것들은 당연히 소홀하기 마련이야.

우리가 생각하는 도덕적 선과 인격은
하루아침에 얻을 수 있는 것들이 아니야.
공부와 운동처럼 많은 시간과 노력이 필요하지.
근데 그걸 모르는 사람들은
그저 입으로 뱉어내면 사람들이 속을 줄 알지만 천만의 말씀.
여기서는 이렇게 행동하고,
저기서는 저렇게 행동하며 표리부동한 걸
사회생활을 잘하는 거라고 착각하는 사람들이 있는데
결국에는 그것들이 다른 형태로 삶을 집어삼키게 되지.

사람의 인격은 수십 년에 걸쳐 형성되는데
한번 잘못 들인 습관은 각인처럼 박혀서 쉽게 사라지지 않아.
보통 네가 어렸을 때 했던 아주 사소한 거짓말이
눈덩이처럼 커져서 네 삶의 습관으로 자리 잡게 돼.
그저 한 번, 어렸을 때 가벼운 마음으로
딱 한 번 타협하고 내뱉었을 뿐인데
그때를 기점으로 수만 번의 거짓말이 쌓이고
그게 계속 쌓이다 보면 어느새 그게 너의 정체성이 되어서
비슷한 상황이 오면 척수반사처럼
거짓말이 자동으로 튀어나오게 되는 거야.
원래 가장 완벽한 거짓말은 진실함에서 나오는 건데
그게 쉽지 않으니 쉬운 길을 택하는 거지.

거짓말만 그럴까?
상대방에 대한 배려, 진실성, 유머, 센스, 존중, 충실함, 성실함,
모두 수십 년을 쌓아야 진짜 너의 것이 되는 거지,
책 한 줄 읽고 얻을 수 있는 것들이 아니란 말이지.
어렸을 때 부모에게 자연스럽게 물려받은 사람도 있는데,
난 그거야말로 부모가 줄 수 있는
진짜 가치 있는 자산이라고 생각해.
잘못 자리 잡은 습관도 마찬가지라서
다시 고치는 데는 하루 이틀 갖고는 어림도 없어.

악습의 기간이 길수록 다시 제자리로 돌아오는 데도
수년, 어쩌면 수십 년이 필요할 수도 있어.

그래서 살면서 네가 가장 두려워해야 할 건
당장의 문제를 모면하는 것보다
네가 정해놓은 보이지 않는 선을 넘는 일이야.
누군가 지켜보건 말건 중요하지 않아.
그걸 넘었을 때의 대가는 이자가 붙어 점점 커지게 되어 있지.
보통은, 자식들이 수금을 해가더라고.

또한 때로 우리는 우리가 오랫동안 쌓아온
좋은 가치들을 몰라보기도 해.
예전에 같이 일했던 친구 중에
굉장히 선하고 바른 친구가 하나 있었어.
내 밑에서 첫 사회생활을 한 친구인데
별다른 말을 안 해도 성실함, 인격, 이타심이
얼굴에서 환하게 우러나왔어.
그게 굉장히 큰 축복이고 재능인데 본인은 아직 모르고 있었지.
근데 한두 해가 지나고, 주변에 '쎈 언니들'한테
사회생활 테크닉들을 주입받더니
오히려 인상이 점점 안 좋게 변해가더라고.

이게 사회생활이야.

너무 잘해주면 안 돼.

다 널 이용하려는 거야.

뭐, 뻔한 얘기들 있잖아.

너무 안타까웠지.

보물을 버리고 머릿속에 잡스러운 것들이 가득 찼으니까.

물론 기본이 있는 친구니까

이 경험 저 경험 하고, 고난을 겪고 깎이고 깎이다 보면

언젠가 다시 원래 자리로 돌아올 수도 있을 거야.

그때는 전쟁터 속에서 본인의 선함을

지킬 수 있는 방법도 알게 되겠지.

나는 아무것도 몰랐을 때의 선함보다

고난 속에 피어난 꽃이 더 가치 있다고 생각해.

착한 사람들은 나이를 먹고 말을 할수록

사람들 사이에서 할 수 있는 말이 점점 적어져.

어렸을 때는 이 얘기, 저 얘기 생각 없이 찍찍 뱉었는데

나이 먹으면서 부정적인 말들을 하나씩 빼다 보면

할 말이 점점 없어지더란 말이지.

자기자랑 빼고
거짓말 빼고
남 욕하는 얘기 빼고
거친 말 빼고

빼고, 빼고, 빼고 나면
'하와유? 아임 파인 땡큐'밖에 안 남더라고.
그래도 계속 지켜나가다 보면
어느새 부정적인 말을 빼고 말하는 법을 터득하게 되지.

근데 보통 사람들은 쉬운 길의 유혹에 빠지게 돼.
안 좋은 말인 걸 알면서도 사회생활이라는 명목으로
부정적인 말들을 섞게 되지.
그 버릇들이 점점 커져서 너의 자식들의 인성을 파탄 내고
너의 배우자가 너를 혐오하게 만드는 건데 말이야.
그걸 결혼하고 고치려면 혼자서는 불가능하고,
배우자의 바다와 같은 이해심이 필요한데
그게 준비가 안 된 채로 결혼하니까
서로 사랑해서 만났다가 원수가 되어 헤어지는 거야.

제일 좋은 건 결혼 전 상대편이 보내는
무형의 신호를 잘 잡아내는 건데

외모와 조건도 중요하지만
더 중요한 건 그 사람의 악습을 가려내는 거야.
도덕성? 다 본인들은 본인 기준으로 도덕적인 줄 알아서
그런 건 필요 없어.
좋은 걸 고르기보단 나쁜 걸 피해야 해.

시간 약속을 자주 어기는 사람은 피하고
같이 있을 때 휴대폰을 자주 보는 사람도 피하고
대화할 때 상대방의 말을 건성으로 듣는 사람도 피하고.

연애 때야 눈에 콩깍지 씌워서 귀여워 보일 수도 있는데
배우자란 건 친구 같은 거라서
친구한테 하면 안 되는 짓을 하고 있으면
일단 거르고 보는 거지.

이미 결혼했다고?
그럼 안타깝지만 너에겐 상대편을 변화시킬 지혜와
바다 같은 인내심이 필요하겠네.

인간은
누구나 억울하더라

나는 살면서 운 좋게도 여러 위치에 서볼 수 있었어.

돈이 없어도 봤고, 있어도 봤고,

피고용인도 되어 보고 고용주도 되어 봤지.

가난해서 배우는 것, 그리고

피고용인이 되어서 배우는 것도 많았지만

남들보다 돈을 더 벌어보거나 고용주가 되어보는 게

세상을 더 넓게 바라보는 데 큰 도움이 되더라고.

작은 집단이라도 한번 꼭대기에 서보면 여러 생각이 달라져.

큰 산을 오를 수 없다면 조그만 동산이라도 기어올라가 봐야 해.

그럼 여태까지 내가 답이라고 믿고 있던 것들이

대부분 부질없다는 것을 알 수 있게 될 거야.

그래서 이번에는 내가 예전에 작은 개인사업을 하면서

느낀 점 여러 가지를 한번 정리해 볼까 해.

★ 1. 인간은 누구나 다 억울하더라

고용주 입장에서 직원을 대하다 보면 느끼는 감정이 있지.

모든 직원은 다 각자의 사정이 있고 각자의 억울함을 느껴.

분명 조직 내 사람들 간에 문제가 생기고

나는 해결을 해야 하는데

이 사람 말을 들어보면 얘가 맞는 거 같고,

저 사람 말을 들어보면 또 나름대로 납득이 가더란 말이지?

한결같은 부분은 다들 자기는 잘못이 없대.

어떤 사람은 조금 거짓을 섞기도 하고,

어떤 사람은 자기한테 불리한 사실은 쏙 빼고 말하기 때문에

누가 잘했나 잘못했나 판단하는 건 굉장히 어려운 일이야.

형사, 검사, 판사님들 고충을 좀 알겠더라고.

근데 그럼 눈앞의 문제는 누가 해결해?

소는 누가 키워?

내가 내린 결론은 이거야.

아, 애초에 진실 같은 건 별로 중요하지 않구나.

쟤가 잘못했니, 얘가 잘못했니 둘 사이의 문제는

내가 무덤에 들어갈 때까지도 절대 알 수 없을 거야.

슈뢰딩거의 고양이처럼, 영원히 알 수 없는 진실이지.

그래서 나는 리더로서 그냥 조직 내의 불화를

해결만 해주면 되는 거였어.

공감이 필요한 직원에겐 공감과 따뜻한 말을 해주고
불만이 너무 크면 업무를 조금 조절해 줄 수도 있고
어쨌든 조직 내에 불화를 해결하고
조직이 굴러가게 만드는 데만 집중하면 되는 거지.

그것만 해결해 줘도 리더로서 할 일의 절반은 했다고 봐.
그리고 누군가의 편을 들어주는 것보단
그냥 사업주가 손해를 보는 게
궁극적으로 더 이득일 때가 많더라고.

★ 2. 사람은 남의 불행에 별 관심이 없더라

사람들은 자기가 뭔가 필요할 때 외엔 남한테 별 관심이 없어.
사업은 뭐든지 혼자서 결정하고 혼자 감내해야 하는데
혼자 뭔가를 헤쳐나가다 보면
너무 힘들고 세상이 캄캄할 때가 있지.
말도 안 되는 일이 일어나기도 하고
정말 죽고 싶을 때가 생기곤 하는데,
나 빼곤 다 평온하게 인생을 살아가는 거야.

직원들도 다른 데 이직해 버리면 그만이지.

불행은 누구에게나 찾아오기 때문에
평생 행복했던 사람은 아직 불행을 만나지 못했을 뿐이야.
일을 하면서 여러 사람을 만나봤는데,
그중 어떤 신사분은 첫째 아이가 교통사고로 죽고
둘째는 암으로 병사, 셋째는 장애 판정을 받았다는데
이젠 면역이 돼서 그냥 어찌어찌 잘 살아가고 계신다더라고.

다들 자기 삶의 무게도 감당하기가 어렵고
내 손톱 밑 상처가 남의 잘린 팔다리보다 크게 느껴지기 때문에
그냥 서로 힘내라고 토닥이면서 사는 거지.
남을 위해 진짜 희생하는 이타적인 사람은
만 명에 하나 있을까 말까 해.
국민을 위해서?
다 거짓말이야.
그걸 아직도 모르니.

고통과 불행은 괴롭지만 시간이 가면 다 지나가기 마련이고,
그 뒤엔 더 단단한 정신과 발전을 남기기 때문에
그냥 받아들이고 친구처럼 사는 게 맘 편하지.

★ 3. 모든 건 나의 작은 날갯짓에서 시작된다

살면서 네가 겪는 거의 대부분의 불행과 고난은
강을 거슬러 올라가면 네 얼굴이 나오게 되어 있어.
물론 유전 질환 같은 필연적인 것도 있지만,
대부분 말이야, 대부분.

직원이 나쁘다고?
네가 뽑았잖아.
사람 잘 봤어야지.
이상한 친구들만 와?
네가 사업장을 매력 있게 만들었어야지.
규모도 키우고, 브랜딩도 하고,
아니면 위치라도 강남 한복판에 던져놨어야지.
좋은 데 다 가고 남는 곳에 오는 직원들은
좋은 직원일 리가 없잖아.
매출이 안 나와?
네가 해결해야지.
직원 관리부터 고객 유치까지, 사령탑이 넌데 누굴 탓하겠어.

누구나 다 세상이 억울하고 화나고 부조리하다고 느끼지만
네가 선택한 길이니,

분노보다는 길을 헤쳐나가는 데 집중해야겠지.

그것만 깨달아도 남들보다 10보는 앞서갈 수 있어.

날갯짓을 할 때는 세세한 부분까지 충분히 고민하고,

날개의 작은 근육까지 신경 쓰면서 움직여야 해.

네가 행하는 아주 작은 행동들이

눈덩이처럼 커져서 너의 삶을 지배하게 되니까,

처음에 선택을 어떻게 하느냐에 따라

나중에 겪을 고난과 고통이 100이 되기도 하고 1이 되기도 하지.

똑같은 결정을 내려도

어떤 사람은 20수 앞을 내다보고

누구는 그냥 코앞만 보고 결정하잖아.

처음엔 비슷한 것처럼 보여도

차이가 쌓이면 성공과 실패는 우연이 아닌 필연이게 되어 있어.

★ 4. 행운은 기다리는 게 아니고 만들어가는 거다

내가 사무실을 계약할 때 처음 건물에 들어서면서

경비원 분과 트러블이 생겼지.

내가 뭔가 말하기도 전에

나한테 왜 함부로 들어오냐고 소리 지르면서 윽박지르더라고.

나도 성질이 좀 있어서 같이 소리 지를까 하다가

'첫 발걸음부터 적을 만드는 건 좋지 않다,
심지어 그게 매일 얼굴 마주해야 할 사람이면 더더욱.'
이라는 생각으로 웃는 얼굴로 차분히 설명했지.

"제가 오늘 처음 들어오는 사람이라 말씀을 못 드렸네요.
몇 층에 들어오는 누구누구입니다."
내가 화낼 때 상대방이 웃으면 머쓱해지지.
그분은 나한테 사과를 했고,
자세히 밝히긴 어렵지만
이 작은 결정이 내 사업에 큰 행운을 주게 됐어.
정말 단 1초간의 판단으로
내 인생은 좀 더 긍정적인 방향으로 움직였지.
행운은 만들 수도 있더라고.

★ 5. 거울은 자주 봐야 한다

거울은 단지 겉모습만 비치는 게 아니야.
너의 얼굴을 자세히 들여다보면 살아온 흔적들이 녹아 있지.
보통 작은 성공을 몇 개 하다 보면
내가 눈치채지도 못하는 사이에
얼굴 사이사이에 거만한 주름들이 그어져 있어.

겸손은 행운을 부르고 거만함은 행운을 쫓아내잖아.
거울 보고 웃는 연습도 하고, 자기 세뇌도 좀 하자.
'나는 부족하다, 나는 아무것도 아니다'
안 그러면 어느새 거만한 사장님이 하나 앉아 있는 거지.

★ 6. 인생은 원래 꽃밭이 아니라 전쟁터다

삶은 원래 전쟁터 같은 거야.
나이 먹고 만성질환 주렁주렁 달고
살기 위해 일터에 앉아 있으면 그게 바로 지옥이지.
아직 살면서 그걸 모르고 있다면
젊음이라는 큰 자산이 있거나, 아주아주 운이 좋은 사람이거나
누군가 방패가 되어서 막아주고 있기 때문일 거야.

다들 선하게 살려고 노력하지만
네가 남한테 베푸는 선함은 전쟁터에서 베푸는 자비가 돼야지,
아무것도 모르는 어린아이의 친절이 되어서는 안 되지 않겠어?
너한테 세상이 꽃밭이라고 속삭이는 사람들을 조심해야 해.

따뜻한 말이
행운을 가져다준다

옛날에 미국의 유명한 교육자가 한 말이 있어.

교육(언어)이란 빈 통에 물을 채우는 게 아니라
불을 지피는 것이다.

이게 바로 우리가 무언가를 말하거나 행동할 때
생각해야 할 핵심이야.
상대방의 행동을 바꾸지 못하는 말이나 글은
그다지 쓸모없는 거야.
서로의 심력을 낭비하고, 상황을 악화시키기만 하지.

그런데 사람의 본성은 분노와 저주의 말보단
따뜻하고 아름다운 말에 쉽게 움직이기 마련이야.
마치 나그네의 코트를 거친 바람이 아니라
따뜻한 햇살이 벗기듯이 말이지.

예를 들어서 가상의 김 대리가 있다고 가정해 보자.

김 대리가 큰 사고를 쳤어.

사수인 네가 옴팡 뒤집어쓰게 생겼지.

너는 화가 많이 났어.

그래서 한 마디 해주기로 마음먹은 거야.

너 임마, 똑바로 안 할래?

땡.

이건 죽은 말이지.

사실 필요 없는 말이었어.

이 말을 한다고 사고가 수습되지도 않을뿐더러

김 대리가 더 빠릿빠릿해지지도 않을 거야.

그냥 일시적으로 너의 화만 배설하고

아무런 이득도 얻지 못했지.

김 대리는 '자신의 사고 = 혼남'으로 인해 면죄부를 얻었어.

참을성 없는 상사라고 욕할 명분만 쥐어준 거지.

따라서 그럴 땐 이렇게 한 마디 해주는 게 훨씬 이득이야.

김 대리, 일단 걱정 마. 내가 책임질게.

어차피 원래부터 책임은 사수인 네가 져야 되거든.

그리고 김 대리는 면죄부를 받지 못하고

너한테 빚을 지게 되는 거지.

같은 한 마디 말인데 하나는 손해를 봤고 하나는 이득을 봤어.

너는 네 이득을 챙겼을 뿐인데 세상은 더 따뜻해졌지.

이번엔 너의 마음에 안 드는 직원이 있다고 쳐봐.

머리는 좋은데 좀 이기적인 부분이 있지.

직원한테 한 소리 하는 거야.

조금 주변 사람을 생각하는 것도 좋을 것 같애.

땡.

이것도 아니야.

그 친구는 자기 부모님도 못 고친 친구야.

20년 이상을 그렇게 산 애라고.

같이 일한지 일 년도 안 된 네가 고칠 수 없는

만성 질환자한테 쓸데없는 말로 반감만 산 거지.

굳이 그런 말할 필요 없이

'애는 이기적이지만 머리는 좋으니까

협력하는 일보단 혼자 처리할 수 있는 일을 맡겨야겠다.'

이렇게 생각하고 업무를 바꿔주면 더 낫지 않겠니.

괜히 서로의 에너지를 갉아먹을 필요가 없는 거지.

그러니까 남한테 말 한마디를 할 땐 신중하게 생각을 해야 돼.

이상한 게 말로 상대방을 배려해주려고 할수록

네가 이득을 보고

상대방을 말로 깎아내리려고 할수록

네가 손해를 보는 구조거든.

이건 자본주의의 원리와도 맞닿아 있어.

원래 자본주의는 남을 편하게 만드는 사람한테

더 큰 보상이 주어지니까.

자본을 이용한 투자도 중요하지만

평소에 쓰는 말 몇 마디는 자본이 필요 없는 최고의 투자지.

그러니까 앞으로 말을 할 땐 분노를 잠시 가다듬고,

마음속에서 따뜻한 단어를 끄집어내 봐.

거친 말보단 그게 상대방 마음속 불을 붙이기가 쉬울 거야.

스티그마,
상대방을 변화시키는 법

심리학 용어 중에 스티그마라는 게 있어.
낙인이라는 뜻인데, 우리는 자기도 모르게
남들한테 낙인을 찍고 나도 낙인 찍히면서 살아가고 있는 거야.
예를 들어 남자답게 생긴 사람은
자기도 모르게 남자답다는 낙인이 찍혀버리지.
사실 마음속에는 소녀가 들어 있을 수도 있는데
남들의 기대치를 배신하기 어려워서
어쩔 수 없이 남자답게 행동하게 되지.
원래 소시오패스나 사이코패스가 아닌 이상
남의 기대 배신하긴 어렵잖아.
그리고 내가 안 좋아하는 말 중에 '착할 것 같다'는 말이 있어.

　　　넌 왠지 착해 보여.

이런 낙인이 찍혀버리면
화내야 할 상황에서도 바보처럼 웃고 있어야 되거든.

낙인은 꼭 말이나 외모로만 찍히는 건 아니야.

분위기나 옷차림도 그 사람의 행동을 지배하지.

시끄럽게 떠들고 산만한 아이들한테는

정장이나 드레스를 입혀 놓으면 자기도 모르게 점잖아져.

왜냐면 정장 입은 사람은 그렇게 행동하면 안 되니까.

가게를 차려도 어떤 인테리어나 위치를 정하냐에 따라

손님들이나 직원의 태도가 완전히 바뀌어 버리지.

예를 들어 계속 비트가 빠른 가요 위주의 음악을 틀어놓으면

사람들의 행동도 건들거리게 되고,

클래식이나 오페라 같은 걸 틀어놓고

고급스러운 분위기를 연출하면

자기도 모르게 점잖은 사람이 되지.

사회생활 할 때, 잘 모르는 사람들한텐

선생님이나 사장님이라고 하잖아?

본능적으로 알고 있는 거지, 뭐.

선생님이나 사장님은 예의 있게 행동해야 하거든.

그래서 난 가게에 갔다가 불친절한 직원을 만나면

나만의 가스라이팅을 하기도 해.

나한테 불퉁거릴 때 더 착하게 행동해 주면 막 당황한단 말이지.

착한 사람한테 불퉁거리는

못된 사람이란 낙인을 찍어버리는 거지.

사업을 할 땐 사무실 위치와 햇볕 방향, 층수도 고려해야 해.

사무실 주변에 항상 어떤 사업체가 들어오든

일찍 망해서 나가는 상가가 있었는데,

햇볕도 잘 안 들고 후미진 곳에 있어 주변 분위기도 나빴지.

그런 곳에서 일하면 직원들이

짜증 안 낼 일도 짜증 내면서 일하는 거야.

그런 게 쌓이면 망하는 거지, 뭐.

가정 내 인테리어도 마찬가지야.

어떤 사람들은 예쁘게 꾸민다고

집에 몇천만 원 더 들이는 걸 부정적으로 생각하기도 하던데,

깨끗하고 정돈된 집은 부부싸움을 줄여주는 효과가 있어.

옛날에 뉴욕 지하철에 범죄가 넘칠 때

그걸 줄여줬던 것도 엄격한 법이 아니라

지하철 청소가 시작이라는 건 유명한 일화지.

스티그마가 얼마나 영향을 많이 끼치는 줄 알겠지?

그럼 우리가 세상을 따뜻하게 만들기 위해 해야 할 게 뭘까?

세상은 어떤 사람에겐 따뜻하기도 하고, 차갑기도 해.

하지만 세상이 차갑다고 해서

네가 상대방에게 날카롭고 거칠게 굴수록

세상은 스티그마에 맞춰 더 날카롭고 차가워지지.
그럴 때 너의 태도를 바꾸는 것만으로
세상이 조금 더 따뜻해질 수 있는 거야.

배우자가 도저히 이해가 안 가고 난폭하다면
오히려 따뜻한 애칭을 붙여주고,
무뚝뚝한 사람에겐 그의 진중함을 칭찬해 주고
상대방을 친구처럼 대하면 진짜 친구가 되는 거야.

상대방에게 "야, 너" 하고 부르다 보면
자연스럽게 너의 태도도 거기에 맞춰지거든.
그리고 그런 태도는 상대방의 행동을 부정적으로 바꾸고
부정적인 반응은 다시 말로 바뀌어서
상대방의 행동을 강화시켜.
그럼 아이러니한 일이 생기지.
상대방이 좀 상냥하고 착했으면 좋겠는데
너의 말은 계속 상대방을 반대로 변화시키는 거야.

당신은 왜 맨날 이런 식이야?

맨날 그런 식이 되는 거지, 뭐.
돈 많이 못 벌어오는 남편한테 자꾸 무능하다고 타박하면

오히려 더 능력이 떨어지고

아내의 남자에 대한 성적 매력도 차갑게 식어버려.

그럴 땐 오히려 "열심히 일하는 당신이 멋있다" 해주면

기대를 저버리기 힘들어서 더 꾸역꾸역 일하게 되는 거지.

그리고 아내도 남편에 대한 싫은 감정이 줄어드니까

본인 속의 화도 줄어들게 되고 서로 윈윈이야.

그래서 이런 안 좋은 음성 피드백을 끊어주기 위해선

제일 먼저 말부터 바꾸면 생각보다 쉽게 상황이 변하기도 해.

그럼 신기하게도 처음엔 어색해하다가도

상대방이 조금씩 변하는 모습이 관찰돼.

널 둘러싼 세상을 변화시키려면

일단 제일 쉬운 것, 언어부터 바꿔보면

생각보다 세상이 거칠지 않았다는 걸 느끼게 될 거야.

따우저가 도처의 이해가 안 가고 난폭하다면
우희라 따뜻한 애정을 불어주고,
무뚝뚝한 사람에게 그의 진중함을 칭찬해 주고
수다쟁이를 친구처럼 대하면 진짜 친구가 되는 거야.

분노를
조절하는 방법

세상의 존재하는 대부분의 것들은
항상 좋은 면과 나쁜 면이 있어.
때문에 어떤 현상에 대해 이렇다 저렇다 확언하는 건
대부분 틀린 경우가 많지.
하지만 개중에는 확실하게
우리 삶에 도움이 되지 않는 것들도 있어.
그중 하나가 바로 분노라는 감정이야.

어렸을 때 친구들과 싸우다 보면
보통 선생님이 둘 다 혼내곤 했잖아.
분명 쟤가 더 잘못한 거 같은데,
싸우는 건 나쁘기 때문에 둘 다 혼나야 된대.
어렸을 땐 그게 잘 이해가 안 됐는데,
나이를 먹고 생각해 보니 맞는 말이었어.
왜냐면 '누가 잘했냐, 잘못했냐' 잘잘못을 따지는 건
나에게 어떠한 도움도 되지 않기 때문이야.

분노는 상황을 항상 악화시키기만 하고, 적을 만들고,

생각이 뻗어나가는 걸 막아버리지.

너의 이성을 마비시키고

남들이 너를 이용하기 쉬운 상태로 만들어.

너한테 다가와서 친구의 험담을 한다든가,

아니면 화가 나는 자극적인 기사로 너의 행동을 유도하지.

분노에 차 있는 너의 머리는

네가 누군가의 손 위에서 놀아난다는 생각도 못한 채

상대방의 의지대로 움직이기 쉬운 상태가 돼.

그러니 우리가 인생을 올바른 방향으로 끌어가고자 한다면

부디 뭐가 '옳고, 그르고, 착하고, 나쁘고, 억울하고, 불쌍하고'

이런 온갖 부정적인 감정은 내려놓고

차가운 머리로 세상을 바라봐야 하는 거지.

하지만 분노라는 건

본인이 아무리 노력해도 조절하는 게 쉽지 않단 말이야.

따라서 우리는 분노를 효율적으로

누그러뜨리는 방법을 연습해야 해.

먼저 해야 할 일은, 남의 눈으로 세상을 바라보는 연습이야.

얼핏 보면 세상은 이해 안 가는 사람들의

이해 안 가는 행동 투성이인 것 같지만

그 사람의 입장에서 바라보게 되면
행동의 이유가 어느 정도 납득이 가기 마련이거든.
그런 이해는 상대방에 대한 나의 분노를 누그러뜨리고
내 삶을 더 긍정적인 방향으로 바꿔주게 돼.
즉 상대방을 이해한다는 것은
남을 위해 하는 게 아니고, 본인을 위해 하는 거지.

예를 들어 내가 예전에 일적으로 만난 사람 중에
지독히도 예민하고, 신경질적이고, 편협한 사람이 있었는데
나중에 그 사람의 속사정을 들어보니
어머니는 치매에 걸리시고,
아내는 이혼해서 없고, 어린 딸을 혼자 키우고 있더라고.
물론 내가 그의 사정을 다 이해해 줄 필요는 없지만
상대방에 대한 이해를 통해
내 마음이 화에 물드는 걸 조절할 수 있게 되지.

또한 한편으로는 사람들은 항상
본인의 입장에서 세상을 바라보기 때문에
어떤 분쟁이 생겼을 때 기본적으로
본인이 억울하다는 생각을 하기가 쉬워.
근데 우리가 생각해야 할 건
다른 모든 사람들도 똑같은 생각을 하고 산다는 거야.

남과 다툴 땐, 분노하기에 앞서 제일 먼저 자신을 돌아보고
손해를 보더라도 한발 물러나는 지혜가 필요해.

**사실 우리는 원래부터 이기적인 존재이기 때문에
내가 어느 정도 손해를 봤다고 생각하고 베풀고 나면
나중에 돌이켜봤을 때 반반 정도 되는 경우가 많거든.**
만약 그런 나의 선의를 알아주지 못할 정도로
상대가 어리석다면
그런 사람들을 구별해낼 지혜를 배울 수 있으므로
크게 손해라고 생각할 필요도 없을 거야.

정리해 보자면, 화를 다스리는 방법은
먼저 상대방의 입장을 이해하는 것.
그리고 그다음 나의 행동을 돌아보는 것.
그리고 그럼에도 너무나 억울하고 분하다면
상대방을 바꾸려 하는 것보다는, 상대를 피하거나
피할 수 없다면 상대에 맞춰
나를 유연하게 바꾸는 연습을 하는 거지.
대부분의 사람들의 경우 피할 수 없는 상대방은
직장 상사나 배우자일 텐데, 싸워서 이득 본 게 하나라도 있던?
항상 네 마음만 썩어 문드러지는 거지.
따라서 우리는 삿대질하고 싸우는 방법보다는

상대방을 이해하고, 용서하는 방법을 배워야 해.

그건 절대로 상대방을 위해서 하는 행동이 아니야.

오직 본인을 위해서, 본인 마음의 평화를 불러오고,

행운을 불러들이기 위해서야.

지극히 이기적인 동기지만,

인간은 원래 이기적이기 때문에

그런 동기가 오히려 너의 화를 조절하는 데 도움이 될 거야.

항상 화내고 찡그리는 사람 옆에 있으면

어느새 내 얼굴도 찌그러지게 되고

그럼 들어오던 행운도 다 도망가 버리잖아.

그러니까 현명한 사람들은 살기 힘들어서 웃을 힘이 없어도

다들 그냥 억지로 웃으며 사는 거지.

행복의 길은 넓어서 여러 명이 함께 걸을 수 있지만

슬픔과 분노의 길은 좁아서, 오직 너 혼자 걸어가야 하거든.

분노는 더 큰 슬픔을 가져오지만,

웃음은 슬픔을 덜어주고

너에게 생각지 못한 행운을 가져다줄 거야.

성공이 너를
불행하게 만들기도 한다

큰 성공을 하고도 삶이 불행한 사람들이 있어.

분명 돈도 있고 명예도 있는데,

이상하게 외로운 그런 사람들 말이지.

우리가 젊은 시절 물질을 쫓아 달리다 보면

어느새 주객이 전도되는 경우가 많아.

돈과 명예는 사람들에게

인정과 관심, 사랑을 받기 위해 얻어야 하는 건데 말이야.

어느 순간 자신의 모습을 보면

어렸을 때의 밝음과 따뜻함은 사라지고

거만하고 고집스런 얼굴로 변하게 되지.

그런 사람들의 특징은

겉으로는 뭔가 예의 바르고 선한 척하지만

자신을 특별대우해 주지 않는 순간

참지 못하고 쉽게 분노하는 거야.

왜냐면 그들에게 예의와 도덕은 삶의 가치가 아니라
그저 자신을 돋보이게 하는 장신구거든.
그렇게 자신의 모습에 취해 길을 잃은 사람들은
주변 사람들이 그에게 얻을 게 없는 순간이 오면
지독히 외로워질 수밖에 없어.

사람이 마음속 깊이 원하는 건 필요에 따른 관심이 아니라
남이 진심으로 자신을 생각하고 아껴주는 건데,
그런 사랑은 돈만으로는 살 수가 없어.
궁극적으로 오랜 시간을 들여 진심과 사랑을 줘야만
돌아올 수 있는 거지.

사실 상대방 입장에서 생각해 보면 너무 당연한 일이야.
너도 네가 편한 사람을 찾아 헤매는 것처럼
상대방도 마찬가지야.
자기한테 주지도 않을 돈을 자랑하는 사람보다는
자신을 편하게 해주는 사람, 잘 웃어주는 사람,
말을 잘 들어주는 사람, 재미있는 사람을 좋아하거든.
항상 받들어주고 맞춰줘야 하는 사람을
피곤해서 만날 수 있겠니?
나이 먹으면 그냥 피하고 마는 거지.

하지만 안타까운 건 나이를 먹으면
자신을 바꿀 용기도 사라지기 때문에
바꾸고 싶어도 바꿀 기회 자체를 잃어버린다는 거야.
그렇게 '어, 어' 하다가
어느새 고독한 노인으로 조용히 늙게 되는 거지.

따라서 네가 부유하고 많은 걸 가지고도 삶이 고독하다면
거울을 보고 웃는 연습을 해보고
'성공한 나'가 아니라 '성공하지 않은 나'로 살아가는
시도를 해보는 것도 좋을 거야.

젊은 시절에 너의 문제가 대부분 돈에서 비롯되었듯이
지나치게 많은 돈과 명예도 너를 사회와 차단하고
널 외롭게 만드는 차단막이 되기도 하는 거지.
삶은 뭐든지 균형이 중요한 거야.

자식은 자신이 살아온
인생의 그림자다

아이는 부모의 그림자와 같아.

깨닫지 못하는 사람들도 있긴 한데,

부모 자신의 모든 걸 거울처럼 투영시키거든.

네가 살아온 인생의 결과물이고

잘못 양육했다면, 평생을 짊어져야 할 형벌이기도 하지.

아이는 결국 부모의 성품과 지혜를 온전히 물려받기 때문에

아이가 엇나가는 건 결국 부모 스스로 짊어져야 할 문제일 거야.

본디 사필귀정이라

우리가 살면서 나태하게 살거나, 악하게 살거나 하는 모습들이

결국 아이의 품성을 통해 나타나기 때문에

아이야말로 우리가 올바른 가치관을 갖고 인생을 살아가야 할

가장 중요한 이유라고 할 수 있어.

아마 아이를 키우는 많은 부모들이 느끼는 부분일 텐데

분명 나는 아이에게 사랑을 주고, 많은 걸 해줬는데

아이는 전혀 내 생각대로 크지 않는단 말이지.

나의 행동이 목적을 달성하지 못했다면, 뭐가 문제일까?

바로 내 행동이 문제겠지.

내가 아이를 사랑한다고 생각하고 행동했던 것들이

사랑이 아니었던 걸 거야.

보통 아이가 세상에 나올 땐 어느 아이든 다 귀엽기 때문에

부모는 커다란 행복을 느끼고

아이에게 애정을 베풀기 마련이야.

하지만 아이가 나이를 먹고 귀여움이 사라지기 시작하면

점점 부모의 태도도 이전에 비해서 달라지기 시작하지.

아이는 처음에 말을 하지 못하므로

울거나 웃으면서 상대방의 반응을 학습하게 되는데,

분명 옛날엔 웃기만 해도 부모가 웃어주고 애정을 줬는데

이제 더 이상 잘 웃어주지도, 애정을 주지도 않는 거야.

아주 나이가 어린 아이들조차도

이런 부모의 변화를 본능적으로 느끼기 때문에

갑자기 돌발행동을 하는 등 이상한 행동을 통해

부모의 관심을 다시 찾으려고 해.

하지만 그렇게 이상한 행동을 할수록

부모의 관심은 더 멀어지고

아이는 무기력함에 빠지는 거야.

부모가 자신의 애정을 자식에 대한 사랑이라 착각하지만
그건 그저 어렸을 때의 귀여움과 사랑스러움에
더 크게 반응했을 뿐이기 때문에
부모의 이러한 표리부동함은 아이에게 커다란 상처를 주고
아이를 부정적인 방향으로 바꾸게 되는 거지.
결국 부모 책임인 거야.

아이가 아직 말을 못할 때는
울음을 통해 본인의 욕구를 표현하게 되는데
이걸 적당히 끊어주지 못하는 아이들은
계속 울음을 통해 원하는 것들을 성취하려는 버릇이 생겨.
또한 웃음과 애교를 통해 사랑을 받는 데 익숙해진 아이들은
웃음과 애교로만 사람의 사랑을 얻으려는 버릇이 생기는데,
운이 좋아 외모가 연예인처럼 태어났다면 모를까
언젠가는 사람들이 자신을 그렇게 매력 있게 느끼지 않는다는
잔인한 현실을 마주할 수밖에 없지.
마치 산타가 없다는 사실을 깨달은 아이처럼 말이야.
그때 느끼는 상실감은 아이를 부정적으로 만들기 때문에
부모는 아이의 잘못된 습관이 고착화되기 전에
노력과 성취를 통해 타인의 사랑을 받는

올바른 방법을 알려줘야 할 거야.

또한 사회에 돈이 넘치고 부모들의 경제력이 올라감에 따라
아이가 원하는 장난감 같은 물질적 수요는
쉽게 채워줄 수 있는 사회가 되었어.
그리고 부모는 아이에게 장난감을 쥐여주며
아이의 미소를 보고 행복감을 느끼지.
하지만 그래선 안 돼.
그건 강아지에게 장난감을 던져주는 것과
별반 다를 바 없는 행동이야.
그런 무분별한 애정은 그저 부모의 만족감을 채워줄 뿐,
아이의 도파민 보상회로를 망가뜨리고
아이를 뭘 해도 즐겁지 않은 우울증 환자로 만들어버려.

아이가 갖고 싶은 건, 스스로의 힘으로 얻게 해야 하고
그건 학대도 방임도 아닌 사랑으로 가르치는 교육이야.
장난감을 던져주고 아이를 만족시켜 잠깐 기쁨을 얻는 부모와
아이가 울고 힘들어하는 모습을 견디며
긴 시간을 들여 아이의 행동을 교정해 주는 부모 중에
누가 진짜 사랑을 베푸는 부모겠어.
그걸 이해하면, 더 이상 자신의 나태함을
사랑이라 포장하진 못할 거야.

아이의 사회생활은 어떻지?

아이는 부모를 통해 표정과 유머, 화술을 배우는데,

잘 웃지 않는 부모, 무뚝뚝한 부모 밑에서 자란 아이는

결국 비슷한 성품을 가질 수밖에 없게 돼.

아이에게 긍정적이고 밝은 가치관, 미소를 주는 건

수십억의 자산을 물려주는 것보다

훨씬, 수천 배 가치 있는 일이야.

자산이 없다고 물려줄 게 없는 게 아니란 말이지.

하지만 이런 가치관과 태도는

그저 잠깐 연습한다고 나오는 게 아니라

자신의 수십 년 인생의 결과물이기 때문에

지식으로 안다고 해서 아이에게 체득시키는 건 쉬운 일은 아니야.

또한 부모의 예민하고 신경질적인 기질은

아이에게 그대로 투영되게 돼.

부모의 기분에 따른 태도 변화, 즉

기분 좋을 때만 잘해주고, 기분이 상하면 괴롭히는

부모 밑에서 자란 아이들은

올바른 가치관보다 남의 눈치 보는 방법을 먼저 배우게 되고

옳고 그름이 아니라, 해도 되는 상황과

안 되는 상황만을 배우게 되지.

정직함과 성실함 역시 중요한 가치야.

아이에게 열심히 공부하고 성실히 살라고 입으로 말한들

부모의 말과 행동이 다르다면

아이는 괴리감을 느끼게 되어 있어.

그런 경우에는 부모의 말이 아닌 행동을 모방하게 되지.

부모가 일생을 살며 상황에 따라 거짓말을 일삼고

나태하게 굴고 눈속임한 것들은

결국 아이를 통해 거울처럼 본인의 모습을 비추게 되어 있어.

부부 사이도 마찬가지지.

부부간의 불화는 아이가 느끼는 심리적 안전기지를

굉장히 불안정하게 만들기 때문에

아이는 부모의 눈치를 자주 살피게 되고,

연인 관계나 친구 관계에서 의존적인 성향이 생길 위험이 있어.

우리가 좋은 부부생활을 영위해나가기 위해서는

좋은 배우자를 선택하는 것뿐 아니라

본인의 인격과 성품도 중요하기 때문에

결혼을 하기 전에 본인 스스로

사람 보는 눈을 키우고 좋은 인성을 기를 수 있도록 해야만

미래의 자식에게 아픔을 주지 않을 수 있을 거야.

경제력 역시 부모가 아이를 키우는 데 굉장히 중요한 요소야.

아무리 좋은 성품과 가치관을 물려주려고 해도
항상 일하느라 바쁜 부부 사이에서 자란 아이는
결국 부모에게 사랑받고 배울 기회가 더 적을 수밖에 없어.
물론 경제력이 있다고 해서 아이에게 무책임하게
이것저것 사주기만 해서는 안 되겠지.
돈으로 아이에게 물질을 사주는 것보다는
부모의 시간을 사는 게 맞는 양육법일 거야.

이처럼 아이 하나를 길러낸다는 건, 인생의 종합예술과 같아.
살면서 길러온 너의 정직함, 성실함, 유머, 인성, 분위기,
경제력……
모든 걸 시험받는 순간이지.

그거 하나만으로 우리가 좀 더 선한 가치관을 갖고
인생을 살아갈 이유로는 충분한 것 같지 않니?
자식이 잘되는 것보다 인생에서 더 행복한 일은 별로 없으니까
우리는 편법으로 인생을 살기보단,
쉽진 않더라도 좁은 길을 걸어가야 할 거야.
자식의 얼굴에서 자기 인생의 죄를 발견하기 싫다면 말이야.

물질,
그 이상의 가치

우리는 평생 돈과 명예, 남들의 관심을 쫓아 달리지만
이것들은 막상 이루고 나면,
신기루처럼 아무것도 아닌 게 되어버려.

사회적 신념은 어떻지?
가난과 불평등은 끝나지 않는 수레바퀴 같은 거야.
누군가 부유해지면, 또 누군가 가난해지지.
남을 돕고 선행을 베풀면 행복해질 수 있냐고 하면,
또 그렇지만도 않아.

자신이 이타적인 사람인지 알아보려면
요양원 가서 한 달만 봉사활동 해보면 답이 나와.
벽에 눌어붙은 똥 몇 번 치우다 보면
자신이 그렇게 희생적인 사람이 아니라는 건 금방 알 수 있지.
일론 머스크처럼 원대한 꿈을 품고 사는 건?
끊임없이 달려서 도착하고 나면, 또 생각보다 별 게 없어.

현대인의 삶은 1000년 전의 사람들이 보기엔
꿈으로 가득 찬 공상과학 소설이지만,
현대를 살아가는 우리에겐 그다지 새로울 게 없잖아?
화성 가고 우주여행 한다고 뭐 크게 달라질 게 있겠어.

그럼 대체 우리는 무얼 믿고 살아가야 하는 걸까.
혹시 네가 큰 부와 명예를 이루고도
인생의 덧없음에 좌절하는 순간이 온다면,
그때는 어쩌면 종교가 삶에 의미를 부여해 줄 수도 있을 거야.

물론 사람들은 종교 얘기를 하는 것에 대해 거부감이 많지만
우리가 우리 세계를 온전히 이해하기 위해서는
종교에 대해 알지 않고는 불가능해.

간혹 가짜 종교인에 속은 사람들 중에
종교인들이 사기꾼이라 말하는 사람들이 있는데,
종교인이 사기를 치면 종교인이 아니고 사기꾼인 거고
정치인이 사기를 치면 정치인이 아니고 사기꾼인 거고
친구가 사기를 치면 친구가 아니고 사기꾼인 거야.

사기꾼한테 당하지 않게 분별력을 키울 생각을 해야지,
이것도 저것도 사기꾼이고 필요 없다고 한다면

그건 그냥 세상을 피해 껍질 안에 숨어버리는 행동이야.
도망쳐서 도착한 곳에선, 아무것도 이룰 수 없지.

그리고 종교는 세상을 이해하는 창이기도 해.
무려 2000년 이상 세계를 아우르고
전 세계인의 가치관 속에 뿌리박힌 종교를 이해하지 않고
어떻게 세상을 이해할 수 있겠어?

특히, 현재 전 세계를 지배하고 있는 미국은
신앙의 자유를 위해 떠난 청교도인들에 의해 세워진 나라고
미국의 헌법에는 그 사상과 가치관이 온전히 녹아 있어.
그리고 그게 미국의 경제발전을 만들어 낸 원동력이기도 하고.

우리나라의 교육기관 대부분은
선교사들에 의해 만들어졌기 때문에,
우리나라 사람들의 머릿속에도 알게 모르게
그 가치관이 깊게 뿌리박혀 있기도 해.

다음은 영국을 떠난 청교도인들이
정착지에 도착하기 전 만든 메이플라워 서약서의 내용이야.

하나님의 이름으로 아멘.

아래에 서명한 우리는 대영제국, 프랑스 및 북아일랜드의

신, 국왕, 신앙의 수호자 등등의 은총을 통해, 숭배하는

군주인 국왕 제임스 1세의 충실한 신민이다.

하나님의 영광과 기독교 신앙의 진흥 및 국왕과 국가의

명예를 위해 버지니아 북부에 최초의 식민지를 건설하기

위해 항해를 계획했고, 개척지에서 질서와 유지,

위의 목적의 촉진을 위해서 하나님과 서로의 앞에

엄숙하게 서로 계약을 체결하며, 우리 스스로 민간

정치체제를 결성할 것을 결정했다.

이것을 제정하여 우리 식민지의 총체적인 이익을 위해

식민지의 사정에 가장 잘 맞다고 생각되는 정당하고

평등한 법률, 조례, 법, 헌법이나 직책을 만들어,

우리 모두 당연히 복종과 순종할 것을 약속한다.

이때 만들어진 내용들이 미국 헌법의 뿌리가 됐지.
따라서 종교를 이해해야 지금 나를 둘러싼 사회가
어떻게 변화되어 왔는지를 알 수 있을 거야.

성경 안에는 자본주의적 가치와

사회주의적 가치가 같이 들어 있는데,

그중 자본주의적 가치는 능력에 따른 부의 불평등을 인정하고

수고하고 땀 흘리고 노력하는 것,

그리고 개인이 사유재산을 갖는 것을 용인하는 내용들이 있어.

반대로 사회주의적 가치는

신의 말씀에 따라 약자를 돕고, 부를 과시하지 않고,

겸손하고, 사랑하고, 용서하라는 가치들이 있지.

이런 내용들은 얼핏 보면

정치권에서 말하는 사회주의적 가치와

맞닿아 있는 것처럼 보이지만,

사실 사회주의와 기독교는 서로 완전히 상극의 성질을 갖고 있어.

그 차이가 바로 분노와 사랑이야.

사회주의적 가치는

가진 자들에 대한 분노와 힘에 의한 현상의 변화,

즉 약자들을 명분으로 가진 자들의 것을 빼앗아

사회를 변혁시키고자 한다면

그리스도교 안의 사회주의적 가치는

약자에 대한 사랑, 원수에 대한 용서, 자기희생을 강조하지.

남을 진정으로 돕는다는 건, 자기희생적 사랑 외에는 불가능해.

사랑이란 건 산더미 같은 빵을 쌓아놓고

거기서 한 덩이 던져주거나,

남의 것을 빼앗아 던져주는 게 아니라

본인이 가진 유일한 빵 한 조각을

더 비참한 자에게 나눠주는 걸 말하지.

남을 돕고 싶다면 본인의 살을 떼어 나눠주는 게 사랑인 거고

사회주의의 목적은 자신의 것을 떼어주는 게 아닌

남의 손을 빌려 남의 것을 떼오는 데 목적을 두기 때문에

근본적인 차이가 생기는 거지.

때문에 두 가치는 절대 양립할 수 없어.

사회주의 국가에서 항상 종교가 쇠퇴하는 이유지.

남을 사랑하고 용서하는 것,

내가 가진 것을 남에게 떼어주는 것은

굉장히 어렵고 힘든 일이야.

인간은 지독히도 이기적이기 때문에

단지 도덕적인 의무감으로 남들을 돕다 보면

의미 없음을 느끼고 금세 지치고 허무주의에 빠지기 쉽지.

하지만 가짜가 아닌, 진정한 종교에서 그게 가능한 이유는

그러한 사랑의 목적이 인간에게 향하지 않고

신에게 향해 있기 때문이야.

신의 말씀을 따르기 위해 베푸는 자기희생적 사랑만이

지치지 않고 선한 삶을 살 수 있는 원동력이 되지.

인간 사회는 항상 앞서 나가는 자와 뒤처지는 자가 나뉘기 때문에

앞서가는 자에게는 뒷사람에게 손을 내밀게 하고

뒤처지는 자에게는 분노가 아닌 사랑으로 순응하게 하는 거야.

또한 인생의 목적이 내세에 있으므로,

앞서 말한 대로 계획이 달성될 때까지,

즉, 죽는 순간까지 도파민이 분비될 수 있는 거지.

우리가 신의 존재에 대해 의문을 품고

과학적 근거를 들며 그 존재를 부정하지만

사실 인간의 삶은 신의 존재가 없다면

종국에는 신기루를 향해 달리는

끝없는 레이스만 남아 있을 뿐이야.

따라서 인간은 한쪽 날개에 자본주의적 가치를 싣고,

한쪽에는 거짓된 정의나 도덕이 아니라

사랑이라는 날개로 날아갈 때

진정으로 행복하고 만족스러운 삶을 살 수 있다고 생각해.

그리고 그런 사람들이 많아질수록

사회는 좀 더 올바른 방향으로 나아가게 되겠지.

이성적인 사람일수록 종교를 멀리하는 사람이 많지만,

현명한 사람이라면 그런 너의 마음마저

이성이 주는 편견이라고 의심해 볼 수 있을 거야.

네가 돈과 명예를 얻고도 어딘가 허전하고 답답하다면

너에게 익숙한 길이 아니라

절대 아니라고 생각하는 길 속에서

답을 찾아보는 것도 좋을 거라 생각해.

출발선 위에 서자

처음엔 그저 재미로 쓰던 글이었어.

그런데 그게 어떤 사람들에겐

도움이 되기도 한다는 걸 알고 나니,

나름의 책임감이 생기더라고.

내 글을 읽는다는 건 상대방의 시간을 뺏는 일이고,

상대방의 시간을 뺏었다면, 뭐라도 가치 있는 걸 줘야 하잖아.

그게 공평한 거지. 그치?

내가 글을 통해 전달하고 싶었던 건

정해진 해답이나 지식 같은 게 아니야.

태어나서 기고, 걷고, 말하고, 사랑을 하고,

가정을 이루고, 눈을 감는 순간까지

사람의 일생은 얼핏 보면 복잡해 보이지만

사실은 굉장히 단순한 사건의 연결과정일 뿐이야.

그저 A와 B 사이 선택지 중에 하나를 고르고

결과를 기다리는 것,

그리고 그렇게 수백만 개의 선택지를
고르고, 고르고, 고르다 보면
어느새 종착역에 도착해 있는 거지.

따라서 우리가 삶 속에서 가장 귀하게 여겨야 할 것들,
즉, 내가 가장 전달하고 싶었던 건
바로 선택의 순간에서 방향을 결정해 주는
머릿속 가치관이라고 할 수 있을 거야.

A와 B 사이에 뭐가 더 중요하지?
거짓말과 유연함 사이에서,
강직함과 편협함 사이에서,
시기심과 정의감 사이에서,
우리는 머릿속 알고리즘을 따라 무언가를 선택했고,
인생의 미로 위 어딘가쯤 위치해 있겠지.
머릿속에서 결정한 순간,
그 다음 벌어지는 성공과 실패는
그저 결과를 확인하는 과정일 뿐이야.
그건 누구도 대신 선택해 줄 수 없으므로,
인생은 불합리함 속에서도 평등한 거고,
우리는 누군가에게 방향을 물어보기보다는,
스스로의 나침반을 찾아내야 할 거야.

내가 남쪽으로 가는 게 옳았다고 해서,
남들도 남쪽에서 정답을 찾으란 법은 없는 법이니.

길을 가는 데 정해진 정답이란 없겠지만,
방향을 잘못 잡는다면
평생 네가 가고 싶은 곳에는 도착하지 못할지도 몰라.

누군간 자신과 가족을 위해 열심히 뛰어가는데
누군간 거짓된 가치관을 위해 남의 손바닥 위에서 뛰놀고,
누군간 자신의 게으름을 눈속임하기 위해 뛰는 척만 하고 있고,
누군간 이미 행복해질 수 있을 만큼의 돈과 명예를 얻고도
길을 몰라 헤매기도 하는 거야.
원래 인간이란 비효율 덩어리 아니겠니.

따라서 너무 멀리 간 친구들이 있다면
이제라도 다시 출발선으로 돌아오도록 하자.

과거를 돌아볼 때는 분노하기 위해서가 아니라
오직 과거의 실수로부터 배우기 위해서,
현실에 감사하며 살지만, 현실에 안주하지는 않고
미래를 상상할 때는 더 나은 나를 꿈꾸며 살아가도록 하자.

**당신은
설명서도 읽지 않고
인생을 살고 있다**

초판 1쇄 발행 2024년 1월 10일
초판 3쇄 발행 2024년 8월 1일

지은이 commonD(꼬몽디)
펴낸이 김선준

편집이사 서선행
책임편집 오시정
편집3팀 최한솔, 최구영
마케팅팀 권두리, 이진규, 신동빈
홍보팀 조아란, 장태수, 이은정, 유준상, 권희, 박미정, 이건희, 박지훈
디자인 정란
경영관리 송현주, 권송이

펴낸곳 페이지2북스
출판등록 2019년 4월 25일 제 2019-000129호
주소 서울시 영등포구 여의대로 108 파크원타워1, 28층
전화 070)4203-7755 팩스 070)4170-4865
이메일 page2books@naver.com
종이 월드페이퍼 인쇄 더블비 제본 책공감

ISBN 979-11-6985-064-3 (03320)